神話誌08

南美神話故事

The Myth Of South America

王覺民——著

奇巧瑰麗的宇宙起源，誕生於山巔上、雨林中、海灣邊，
一切飛鳥走獸皆為可敬的始祖，編織出人類與大自然共生共存的南美神話

好讀出版

作者序

王覺眠

幾年前，我坐在哥倫比亞首都波哥大的國立黃金博物館（Museo del Oro Bogotá）的餐廳裡，面前是一碗木薯湯，美味程度令我稱奇。這裡的飲食習慣和我當時常駐的阿根廷完全不同。阿根廷是一個幾乎純白人的國家，人人都講著義大利味兒的西班牙語，吃烤肉和豐富的奶製品，而哥倫比亞和委內瑞拉這種加勒比海國家，有美味的水果、咖啡和玉米餅。

我在南美大陸是客人，從亞洲來。儘管人類學家沒有就美洲的人類從何而來達成共識，但是人類借助結冰的白令海峽從亞洲遷徙至美洲是一個相當普遍的說法。從某種意義上說，我和這片大陸的原住民來自同一個地方——古老的亞洲。在南美生活，這裡的文化有時讓外來者感到困惑，儘管歐洲移民在此建立起了城市、商業和工業，但是這裡的民風和歐洲迥異，節日中各種奇怪的迷信，對死亡蔑視，甚至對權威不以爲然……魔幻現實主義在這裡發源，正是因爲人們對眞實和虛幻之間的分別不是那麼在乎。在南美，隨處都是印地安人的文化，也許它出現在啤酒瓶包裝上，也許它出現在街上碰到的美女的耳環上，也許它出現在鄰居之間爭吵所秉承的奇特邏輯中。南美的文化像是一個漩渦，迷人、充滿未知，這個漩渦的中心，即一切信念的本源，正是原住民印地安人獨特的世界觀、宇宙觀和價值觀。南美的印地安人沒有文字流傳下來，他們的祕密都藏在了口耳相傳的神話故事之中。爲了接近那個致命美麗的漩渦，這本《南美神話故事》分門別類地記錄了在南美生活的印地安人的神話和古老風俗，試圖從中提煉出一個迷幻而眞實的世界。

在這本書裡，可以看到隨性的造物主、隨意被毀滅的早期人類和巨人族。印地安神話中也很少能尋到史詩般的人類誕生故事，印地安人往往輕描淡寫，從血泊裡爬出來，從泥土裡長出來，動物生下來，等等，都可以是人類出現的契機。印地安人對神的態度也不完全是敬畏，他們也經常在神話中描述某些神明品行不端，勒索人類，或者將他們按照部落裡的閒漢或者脾氣古怪的老婦人的模樣進行描述，比如安地斯山的婦女對待大地之母帕查媽媽就像對自家的婆婆一樣，既不喜歡她，又不敢公然反抗。

南美地域遼闊，從溫暖碧綠的加勒比海岸一直到赭石色荒原巴塔哥尼亞（Patagonia），其間包括雲霧繚繞的安地斯山區（Andes）、亞馬遜雨林（Amazonia）、世界上最乾燥的沙漠阿塔卡馬沙漠（Atacama Desert）、彭巴草原（Pampas）、大陸南端連綿的冰河。印地安人分散居住其中，地理上相互分隔，儘管我們統稱他們爲印地安人，但是對於他們自己來說，他們是奇伯查人、瓜拉尼人、馬普切人、印加人……印地安不過是個外界的代號。各個部族之間過著不同的生活，所以也形成不同的世界觀和宇宙觀。雨林部落面對的幽深的綠色迷宮，隱藏著突如其來的死亡陷阱，所以他們的世界是混亂而躁動的；安地斯山山巒重重，所以人們的目光自然向天上看，用星星的軌跡去對照世界；巴塔哥尼亞荒原上的馬普切人認爲周遭充滿了隨時可取人性命的各種妖獸，生活是一場死亡動物園中的冒險。

在這些風格迥異的神話中有無脈絡可循？通過本書可以看到一些南美印地安文化的共性。首先，印地安人看重事物之間的關係和維繫關係的溝通渠道，男人和女人之間的關係、神與人的關係、人與物的關係都是重要的；有的印地安部落對神的態度雖不那麼恭敬，但是他們認爲和神的溝通是很有必要的，和動物以及陰間的溝通也是日常的一部分，溝通的手段有薩滿（Shaman）或者迷幻草藥，或者借助飛鳥、大樹、風、雨等等。另外，印地安人往往模糊界限，如生與死、人與獸之間沒有清晰的界線，印加人可以讓死人繼續擁有生前的權力，從林裡看到的美洲虎也可能是個變身爲虎的男人，這個世界在變形中不斷切換，一切可能性都存在。最後，在千奇百怪的故事和風俗的敘述中還能看到不同部族的印地安人的共同執念：對自我的敬仰和熱愛。這種自我的概念幾乎可以上升到哲學層面，可以是人的多重靈魂中最強大的那一個，或者是勇氣、怨恨、曆法、秩序，總之，是使自己有別於他人或者其他部落的獨特之處，印地安人將其放大，視爲至寶。其實，印地安人不相信神會永遠庇護自己，也不相信這個世界會萬古長存，最重要的核心是自我的完整性。

地理大發現把美洲的馬鈴薯、番薯、菸草、黃金、白銀帶到了世界各地，這些物產的流通讓整個世界第一次聯繫在了一起，很多歐亞國家都開始消費這些來自美洲的產品。貴重金屬的積累讓歐洲得以比其他地方更早地進入了工業社會，但是印地安人卻在這片大陸上越來越失去主導地位，一個南歐風格化的社會在南美迅速生根，印地安人越來越退縮到角落中，他們的神的名字也漸漸被淡忘。第九章〈逃離世界末日〉正是講述了印地安人對外來者的態度和避世的幻想，結尾略有些沉重：「傳統印地安世界的瓦解開啓了新世界，從美洲運出的白銀讓歐洲驟富，從美洲移植出的物種讓世界得以飽餐，冒險把世界的一頭和另一頭聯繫在一起，全世界在急劇地匯流在一起，一個穩定的、順從天命的世界被這股洪流沖得七零八落，取而代之的是由莊園主、船長、士兵、水手、奴隸、妓女組成的世界，印地安人的美德和生機被野心和特殊的腐朽所吞噬，神明也無能爲力。」但是這不是本書的結尾。在最後一章講述的火地島傳說輕盈得像個夢。火地島是南美大陸最南端的島嶼，是冰與火的土地，是歐洲冒險家眼中的地獄，這裡保存著沒有被歐洲文化影響的，最爲原汁原味的南美神話。所以這本書在冰雪一樣安靜的夢境中收尾，正如樸素而充滿哲理的印地安世界沒有結束。儘管不甘，但依然前行，這也是印地安精神的一種吧。

CONTENTS

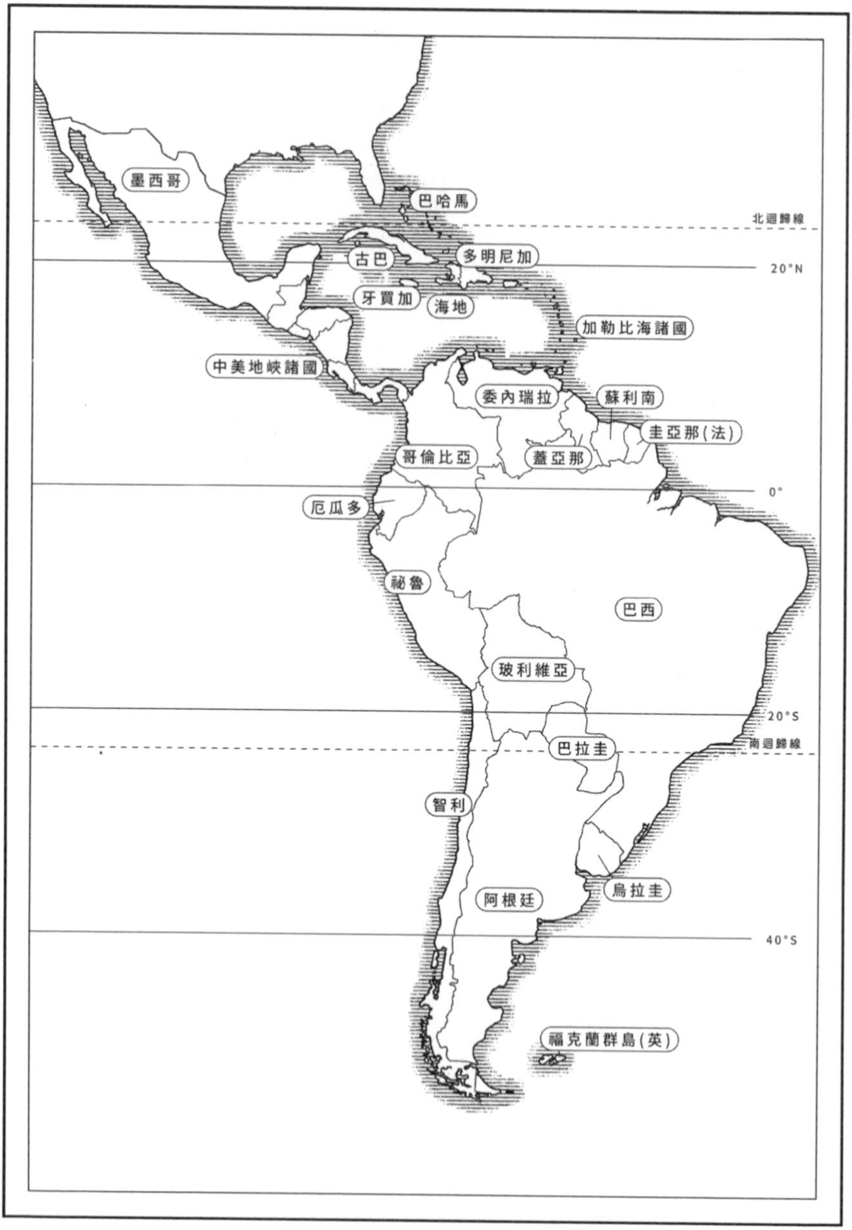
墨西哥
巴哈馬
北迴歸線
古巴
多明尼加
20°N
牙買加
海地
加勒比海諸國
中美地峽諸國
委內瑞拉
蘇利南
圭亞那(法)
哥倫比亞
蓋亞那
0°
厄瓜多
祕魯
巴西
玻利維亞
20°S
南迴歸線
巴拉圭
智利
烏拉圭
阿根廷
40°S
福克蘭群島(英)

中南美洲國界圖

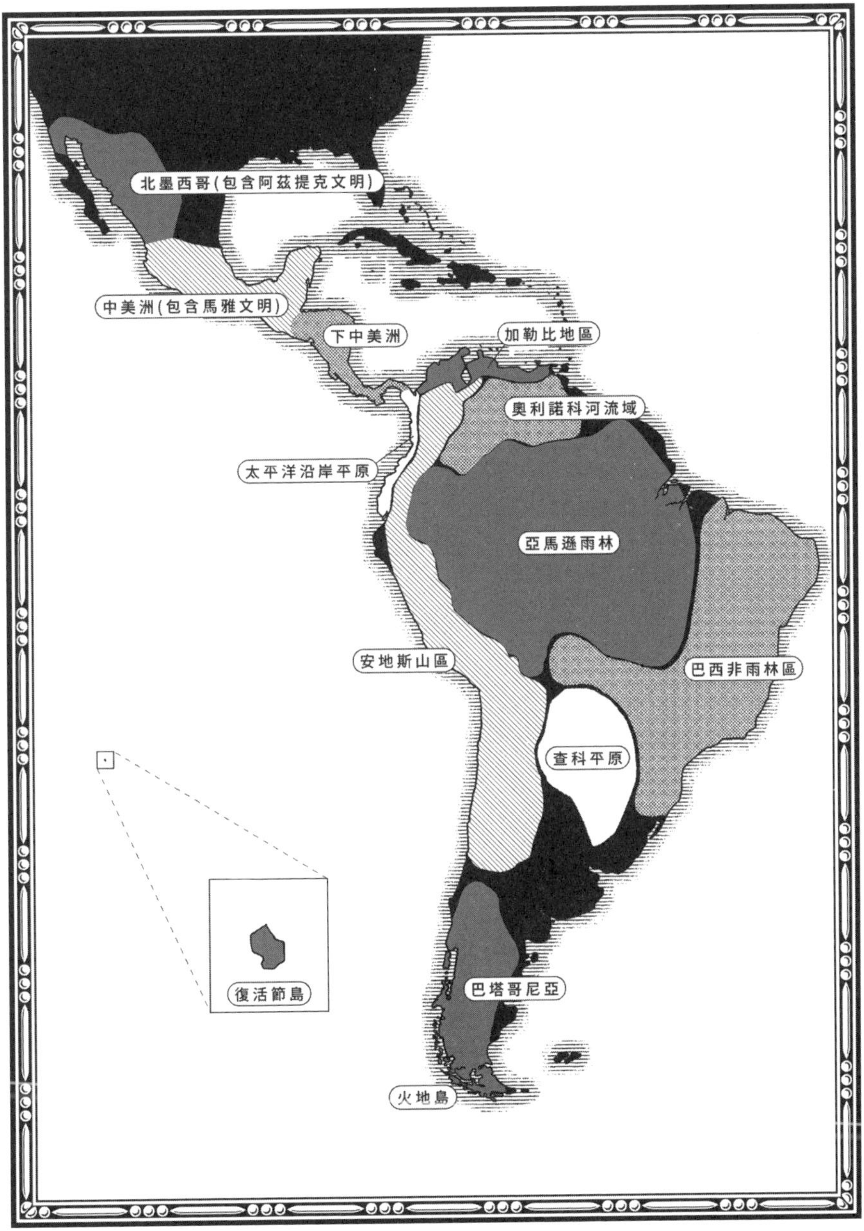
北墨西哥(包含阿茲提克文明)
中美洲(包含馬雅文明)
下中美洲
加勒比地區
奧利諾科河流域
太平洋沿岸平原
亞馬遜雨林
安地斯山區
巴西非雨林區
查科平原
復活節島
巴塔哥尼亞
火地島

中南美洲文化區地圖

第一章

創世造物那點事兒

這個世界太新，來不及命名，需要用手指去指。

——馬奎斯（Gabriel García Márquez）

《百年孤寂》（*Cien años de soledad*）

奇伯查山谷

哥倫比亞的奇伯查山谷是南美印地安文明的發源地之一。奇伯查人（Chibcha）又稱穆斯卡人（Muisca），他們性子開朗，喜愛聊天，也愛編故事，不少故事口頭流傳下來。他們講述的那些神蹟在奇伯查山谷的上空交織，代代神明都有豐富的情感，在理性和放縱之間遊走，就像奇伯查山谷中生活的眾多印地安民族一樣。

生活在山谷裡的印地安穆斯卡人相信世界的壽命有九個紀元。第一個紀元裡，宇宙裡黑乎乎的，沒有聲響，像個大鍋扣下來。有兩種氣在宇宙間無聲游動，一種是沒有生命的空氣，一種是有生命的靈氣。靈氣越聚越多，渾沌中出現了男女兩位始祖，靈氣不斷湧入他們的身體，他們的身體也逐漸充盈起來，有了實體。到了第二紀，男女始祖幸福地在世界中心點相遇了，他們毫不猶豫開始交媾，身體摩擦的聲音彷彿蛇嘶，他們生下了雌雄同體的光明神奇米尼加瓦（Chiminigagua）。他的父親給了他藜麥種子，母親給了他四種不同顏色的玉米種子，擔負偉大使命的光明神奇米尼加瓦就要開始創造世界了。世界此時還是黑乎乎的一團，首先要有光。從奇米尼加瓦的身體裡飛出了兩隻巨大的黑鳥，黑鳥盤旋在空中，明亮的光線從牠們堅實的喙中像流水一樣傾瀉下來，世界瞬間充滿了光明。四色玉米種子被雌鳥帶走，牠先是口啣黑色玉米種子，在天空打了一個旋兒，把種子在北方拋下，奇米尼加瓦吹一口仙氣，北方旋風中誕生了大地之神伊查。雌鳥繼續向東飛，黃色的玉米種子又被仙氣托起在空中，風神費巴產生了。如此這般，紅色的玉米種子在南風旋風中變成火神加達，白色玉米種子在西方變成了水神西賽。還有兩顆藜麥種子被雄鳥帶上了天，在拋下時變成了金神尼亞納和祖母綠神楚古塔娃。

這些神的出現宣告了世界第二紀的結束。在接下來的第三紀裡，世界被這些神分割爲上中下三層，世界的大框架就這樣搭好了。幾個神決定在世界中心點，也就是始祖夫婦交媾的地方慶祝一下，他們一邊跳舞一邊吐出仙氣，直到這些如浮雲一般的白色仙氣填滿世界中心的每一處凹陷。

神仙的隊伍還在增加，在仙氣中又誕生了界神、孕神、死神、雲神、雪神、閃電神、藥神和守護神。這些神的分工有些混亂，比如界神除了懲罰隨意越界到別家部落的人，還掌管著人間的慶典和戰爭，孕神除了管生孩子的事兒還承擔歌舞的傳播，藥神不僅要在雨後負責讓天空出現彩虹，還要充當人類和神之間的使者，守護神最重要的任務是保護部落裡的酋長和商人的安全。這些看似沒有規律的神仙職能幾乎可以爲我們勾勒出奇伯查山谷的樣子：四面環山，山頂有終年不化的積雪，山間雲霧繚繞，時常下雨，各個小部落對自己的邊界很重視，部落之間時常因越界發生小規模的戰鬥，死亡在所難免，但物產豐富，肥嘟嘟的水果、金子和美麗的礦石是部落之間交易的主要商品，商人由此而生。

仙氣裡誕生的這些神個個無所事事，專心在山谷裡玩耍，誰都沒有想到世界還缺點什麼，他們忘了造人這回事。排位不高的守護神只好忙活起來，他先是用一顆不知從哪裡弄來的藜麥種子種出了一個金色皮膚的男人，起名蘇阿（Sué），又用玉米的種子種出了一個銀色皮膚的女人，叫奇耶（Chía）。這對男女強壯而長壽，他們在一起孤孤單單地活了很多年，沒有孩子。到了生命終於要結束的時候，守護神不忍和自己創造出來的生靈告別，他將蘇阿和奇耶送上天，變成了太陽神和月亮神。這樣一來，世界上又沒有了人。第四紀就這樣在寂寞中過去了。但是蘇阿和奇耶在天上孕育出了很多子女，成爲滿天繁星。

到了第五紀，守護神決定換個方法造人，他將兩個小泥人扔到伊瓜切湖（Lake Iguaque）中，一連串水泡浮起後，從裡面走出了一個大胸脯的女人，她長著一雙黑色的大眼珠，手裡牽著一個三歲的男孩，守護神給女人起名爲巴丘（Bachué）。巴丘帶著男孩在湖附近定居下來，過著平靜的生活，她撫養男孩長大。後來，巴丘成了男孩的妻子，他們在一起生育了好多孩子。巴丘和丈夫教會孩子敬神愛神，以求神的庇佑。巴丘生育能力極強，每次懷孕都能生下四到六個孩子，孩子長大又生孩子，子子孫孫不斷繁衍，人類就這般興旺起來。巴丘和丈夫在一起生活了很多年，就像所有的神話中創造出來的早期人類一樣，他們極爲長壽。活得太長了，難免厭倦，巴丘和丈夫開始厭惡自己老而不死的身體，他們渴望回到當初孕育他們的湖水中。一天，他倆把孩子們叫到伊瓜切湖畔，和他們告別。巴丘和孩子們說了一些和神相處的規矩，告誡他們和睦相處，然後和丈夫變成了兩條金光閃閃的蟒蛇，向湖水最深處游去。

孩子們想念他們，那些有幸夢到他們的孩子聲稱，他們倆在湖水中還是人形，不過渾身披著金色的蛇鱗。巴丘也登上了奇伯查山谷的神仙榜，她被奉爲地神，掌管農業收成和水源。

不知過了多久，子孫們漸漸忘了巴丘的教誨。到了第六紀，人們開始不敬神，因爲一個出奇漂亮的女人來到了他們身邊。這個女人是月亮神奇耶的女兒，叫惠塔卡（Huitaca），她鼓勵人們淫亂放縱、飲酒作樂，她甚至挑唆人類不要祭拜守護神了。

守護神很生氣，他被人類弄傷心了，決定用一場毀滅一切的大洪水來結果自己創造出來的人類。他念動咒語，大地裂開，水從地下湧出，形成新的大河，新河舊河交匯在一起，河水暴漲，人類被沖得七零八落，土地和房舍也被大水淹沒。這時，從東方來了一個白面白鬚的男人，他就是人類新的救世主——自稱是太陽神的博基卡（Bochica）。他的出現讓之前的神都黯然失色，自帶光環的他沒有來歷，也沒人知道他在哪裡度過童年和少年，是哪個神造出來的，爲何一出場就自封太陽神。

這個渾身上下都是謎的傢伙一出場便是一副長者模樣，身具神力，將洪水導出山谷，重整人間秩序。博基卡將禍亂根源惠塔卡變成了一隻貓頭鷹，又懲戒了大開殺戒的守護神，剝奪了他的權力，讓他從此不再露面，還命令他從此用雙肩扛起大地，不得休息，不過可以時不時換換肩膀。每當守護神換肩膀的時候，就會有地震。

這個故事還有另一個版本，說博基卡其實是惠塔卡的丈夫，這對老夫少妻從東方過來。背負神的使命的博基卡教引山谷裡的人過文明的生活，他教人類蓋茅屋、種植水果和紡線織布，他告訴人們良好的生活是自律的、道德的，但是他的妻子惠塔卡卻鼓勵大家恣意妄爲、縱情聲色。博基卡只好大義滅親，把惠塔卡變成夜晚才會出現的貓頭鷹。但是惠塔卡依然有大批的追隨者，他們將她奉爲酒神和享樂女神。

傳說博基卡疏導洪水退去時，天空出現了彩虹，奇伯查人於是把彩虹視爲獲救的象徵，並加以崇拜。但被博基卡打入地下的守護神卻詛咒說每次彩虹出現都將伴隨死亡。所以，每當看到彩虹，奇伯查人都會又驚又懼，口裡念著博基卡的名字，祈禱詛咒失靈。

博基卡活了兩千多年，他制定的法則被人們遵守，他也被山谷裡的人奉爲最重要的主神，得到了比宇宙創始者光明神奇米尼加瓦更好的供奉。奇伯查人除了用金子和菸草祭祀他，還有人

從遠方來的博基卡

祭。他們會選出一個大約十歲的男童做祭品。被選中的男童要搬到神廟中去，在五年的時間裡受到無微不至的照顧。男孩年滿十五歲的時候，人們會舉行盛大的祭祀儀式，將他綁在柱子上，讓祭司用箭射死，然後挖出他的心臟獻給博基卡。

第七紀是個分水嶺，在這個紀元裡博基卡的追隨者們繼續和神以及神的子女生活在一起，還是神和人共處的時代。後來，人的壽命越來越短，和神的差距也越來越大，神也搬離了人間，去天上或者什麼更舒服的地方去住了。轉眼就到了我們現在生活的第八紀，西班牙人的出現曾經被當地人認爲是第八紀結束的標誌。但是傳說中的最爲絢爛的「未來世界」第九紀，遲遲還沒到來。

比起光明神以及在仙氣中誕生的那些神，博基卡更有人間的氣息，他雖沒有開創天地，但是爲人間制定了規則和秩序。奇伯查山谷裡的統治者也每每聲稱自己的王權是博基卡所賜，王權神授，不可更替。而博基卡精神的對立面，並非他懲戒的那個恣意妄爲的守護神，而是那個叫惠塔卡的女人，所以在奇伯查山谷放蕩被視爲違背博基卡聖律的嚴重罪行，有很多傳說講述了妄動淫念的男女遭受到嚴重的報應。

在距離奇伯查山谷很近的地方，流傳著另一個創世者斯布（Sibú）的傳說，說的是英雄斯布和當時統治世界的魔族打了一架，把對方趕走，把人類帶到這個世界上。在斯布降臨到這個世界之前，大地被魔族統治，首領叫索庫拉（Sórkura），生性殘忍。但魔族中也有好人，首領的兒子索博庫莫（Sibökõmõ）就是個偉大的醫者，以治癒病人爲己任，他不喜歡用法術幹壞事，也不喜歡父親總是把黑暗和殘暴帶到世間。他娶了自己善良的表妹斯塔米（Siitami）爲妻。索博庫莫的治癒神力來自他隨身帶的一塊神石，娶妻後，這塊神石就不翼而飛了。索博庫莫用魔眼看到神石居然跑到妻子肚子裡去了，神石的中心還有一個小人兒。幾天之內，小人兒越來越大，眼看就要生了。在他出生前，一隻啞巴公雞突然開始唱歌，根據魔族的預言，這是魔族剋星誕生的信號。魔族士兵到處尋找孕產婦，想要把剛剛出世的孩子——斯布殺死。斯布的媽媽斯塔米知道了族人的計畫，決定帶著兒子躲起來。她本想躲到天上去，無奈時間緊迫，只得求助於地上的白蟻。白蟻將母子托舉起來，抬進蟻國的地道。蟻國的地道幾乎挖到了地心，母子徹底安全。在不見天日的地心，僅八天斯布就長成了一個成年人的樣子。他對母親講，其實他的靈魂一直是個成人，不過是困在小小的身體裡罷了，他的使命是消滅魔族，帶來一個全新的物種，但是他又借助魔族誕生，一切都是命數。

斯布的出生讓他的爺爺——魔族的統治者索庫拉寢食難安，他想要殺死斯布，但每回斯布都逃脫了。因爲斯布會變化，他可以變成飛鳥，可以變成老人，也可以變成一陣風，魔族根本拿他沒辦法。在決鬥時，斯布變成蜂鳥得意洋洋地在索庫拉面前飛來飛去，索庫拉知道蜂鳥是斯布所化，十分氣惱，他嘗試用各種武器向斯布投去，但蜂鳥的目標太小了，武器反而落入了斯布手中。斯布現了原形，隨手把一支矛扔了回去，殺死了他的祖父索庫拉。其他魔族人還等著慶祝，但看到的是首領的屍體一塊一塊被斯布扔上天空，才知大勢已去。

斯布毫不留情地把魔族人都趕到地下的世界，開始重建這個被魔族糟蹋過的世界，他從自己妹妹娜瑪達姆（Nãmaitãmĩ）那裡得到了生命的種子，像種馬鈴薯一樣種出了人類。

斯布身上沒有很多神話英雄所帶有的悲情色彩，有關他的一切都是順理成章的，據說他和巧克力的原料可可豆之間還有淵源。在另一版本的傳說中，斯布是被魔族父親在河邊發現的。魔族男子索博庫莫發現河裡有個奇怪的皮囊，設法撈了上來，嬰兒斯布就從皮囊中爬出來，渾身濕答答的。索博庫莫發現嬰兒和皮囊間還有臍帶相連，就用牙齒咬斷臍帶，把他帶回家中撫養。嬰兒斯布不停地啼哭，拒絕喝奶，也不吃飯喝水，索博庫莫的妻子只好把可可豆磨成粉末，加一點水做成柔軟的糊糊餵他。小斯布十分喜歡這種食物，他在可可豆興奮的作用下不停地笑，迅速長成了一個青年，並開始思考宇宙的意義，最終決定順從天命驅趕魔族。傳說在遠古年代，經常可以看到斯布神站在樹下很禮貌地向人們討要一杯可可飲料，儘管他創造了人類，但是他一直對人類很客氣，並不認爲自己有生殺予奪的權力。

兄弟創世

在秘魯西北沿海的奇穆文明（Chimú）敬奉的造物之神是一個叫孔（Kon）的神明。據說孔從北方而來，會飛行，渾身無骨，可以跟隨意念任意移動，他的意念可以推倒高山，也可以填平溝渠。奇穆人將他的形象設定爲飛翔的美洲虎，頭頂金冠，戴著貓形面具，手執權杖。孔創造出了男人和女人，給了他們肥沃的土地和豐沛的水源，人們把種子撒到地裡，都不用照料就能很快收穫糧食，水果成熟的週期也很短，人們輕輕鬆鬆就可以自給自足。但是人類在富足的生活中滋長了驕氣，他們經常忘記給孔供奉，這惹惱了孔。孔停止了降雨，把沃土變成了貧瘠堅硬的荒野。人類失去了樂園，只得艱難勞作，勉強果腹。孔又覺得不忍心，於是他讓山頂的積雪融化，流入山下的平原。看到了水，人們非常高興，他們很快學會了開鑿水渠，在這片土地上繼續生存下去。此時，有另外一個神明降臨，擾亂了孔的秩序。這個新的神明叫帕查卡馬克（Pachacamac），是孔的兄弟。

孔從北方而來，會飛行，渾身無骨

帕查卡馬克向兄長孔發起挑戰，在激烈的爭鬥後，他將孔逐出了這個世界，成爲新的主宰。他對這個世界的大部分景象都表示滿意，但是看著孔創造出來的嘰嘰喳喳的人類覺得心煩，他大手一揮，將他們變成狐狸、猴子和蜥蜴，然後創造出一批新的人類，就是現在人類的始祖。

孔和帕查卡馬克都是太陽神和月亮神的兒子，他們的母親月亮神奇亞帕烏雅珂（Quillapa Huillac）是一位強大的女性，壓倒丈夫太陽神，她可以統治白晝和黑夜，只要她願意，她可以在白天吃掉太陽，使大地重回黑夜。所以，和南美很多地方的文明不同，奇穆人認爲月亮比太陽地位高，月亮才是滋養萬物生長的那個主神。月亮的週期還可以預報潮汐和風暴的來臨，這對在沿海生活的奇穆人很重要。所以奇穆人以月爲曆法單位。新月的第一天夜晚，月亮神殿會有一月一度的祭月典禮，祭品是五歲的孩子，小小的身軀上纏繞著彩色的棉線，被放置在神廟前的平地上，身邊堆放新鮮的水果，身上和地上灑著一種用玉米釀成的奇恰酒（Chicha）。奇穆人認爲天比地小，所以地上的生靈在死後必須排隊等待才能進入天國，而

帕查卡馬克

掌握進入天國大權的正是月亮女神奇亞帕烏雅珂，所以對她的祭祀是不能馬虎的。

創世的孔被奇穆人逐漸遺忘，畢竟不是他創造了他們，而帕查卡馬克的神力迅速得以傳播，很多南美印地安神話中都有他。甚至到了西班牙人到來後，很多來自歐洲的神父還捕風捉影，津津樂道帕查卡馬克是名會魔法的白人男子，如同基督一般教育當地人互敬互愛。

印加文明（Inca）是南美最爲發達的印地安文明，又好戰又好吸納的印加人也把帕查卡馬克吸收到自己的神話體系中，但是降低了他的地位。印加人的造物之神是維拉科查（Viracocha），他先是在黑暗中開天闢地，造出了太陽和月亮，照著自己的樣子造了人。不過先造出來的是巨人，巨人生活在維拉科查的土地上，卻不守規矩，維拉科查把一部分巨人變成了石頭，另一部分巨人則淹死在他製造的洪水中。維拉科查回天上休息了，讓大地荒蕪了好多年。一天，他的造人興致又起來了，就一口氣創造出了所有的印地安民族，給了他們不同的服飾和語言。印加人雖然尊維拉科查爲一切的主宰和萬神之父，但是對維拉科查的神廟卻不怎麼用心打理，他們的理由是世間的一切都是維拉科查造出來的，他看不上任何供奉。

雪山上的鷹蛋

秘魯的瓦洛奇里（Huarochirí）地區在安地斯山西麓，這裡流傳的神話和當地的雪山有密不可分的聯繫，他們的主神帕里亞卡卡（Pariacaca）和一座雪山山峰有相同的名字，因而這座雪山宛如主神化身一般被當地人膜拜。

在帕里亞卡卡誕生前，人類生活在動盪之中，部族間戰事不斷，世風日下，只有兩種人被尊重：一種有拳頭，可以打敗別人；一種有錢，可以買到一切。在人間道德天平漸漸失衡的時候，五個巨蛋悄悄出現在鷹山上，偉大的神明帕里亞卡卡打算用這個方式來到人間。

帕里亞卡卡還在蛋裡，但是他的兒子瓦塔亞庫里（Huatiacuri）卻早早來到了人間。雖然是偉大的神的兒子，但是瓦塔亞庫里在人間不過是個一貧如洗的窮小子。在他的家鄉有個叫坦塔納姆卡（Tantañamca）的傢伙，靠著裝神弄鬼，吸引大批信眾，收取財帛，成了富人。坦塔納姆卡家宅院的屋頂覆蓋著燦爛的紅黃兩色鳥羽，遠遠就可以看到，來自各個部落的人絡繹不絕地登門拜訪他，詢問吉凶。

秘魯安地斯山的雪景

有一天，坦塔納姆卡突然患了重病，起不了床，也沒有辦法繼續替人占卜吉凶，當地人對他的神力產生了懷疑，而他自己也召集了當地所有的醫生來給他看病，不過沒人說得清他的病是怎麼來的。

窮小子瓦塔亞庫里從海上打魚回來，睏倦不堪的他歪在小丘邊睡著了。他夢見一隻狐狸往小丘上爬，而另一隻正好要下來，兩隻狐狸見面打了個招呼，說起了坦塔納姆卡的病。瓦塔亞庫里從狐狸的話中得知，坦塔納姆卡的妻子在烤玉米的時候被一顆七彩的玉米粒燙到了私處，於是她將這顆玉米粒拿給自己的情人吃。這種噁心的行爲招來了毒物，一條毒蛇盤在屋頂，一隻雙頭的癩蝦蟆藏在石磨下，是牠們的毒氣把坦塔納姆卡給弄病了。

坦塔納姆卡有兩個女兒，大女兒已經嫁人，小女兒還待字閨中。瓦塔亞庫里來到坦塔納姆卡家，說自己有能力治好他的病，但如果治好病，要娶他的小女兒爲妻。儘管對眼前的窮小子將信將疑，但怕死的坦塔納姆卡放下了架子，同意了。但是大女婿卻惱怒起來，說：「這麼一個窮小子憑什麼可以和我並肩！」瓦塔亞庫里沒理他，直接轉頭對坦塔納姆卡說：「你的病是因爲你妻子和別人通姦，招來了毒物，損害了你的身體，但是你應該向大家承認，你並非神明，否則不會像一個凡人一樣生病。」話音剛落，坦塔納姆卡的妻子叫了起來：「你是什麼人，憑什麼如此汙衊我？」瓦塔亞庫里一聲不吭，從屋頂翻出了毒蛇，從石磨下找出了雙頭癩蝦蟆，坦塔納姆卡的妻子洩了氣，馬上承認了自己的不忠。

坦塔納姆卡病癒後，如約把小女兒嫁給了瓦塔亞庫里。但是瓦塔亞庫里心裡還惦記著另外一件事，那就是自己還未出世的父親。在結婚前，他趕到了鷹山，父親帕里亞卡卡還在其中一個巨蛋裡，但是空氣中有種氣息微微流轉，像是無數隻蝴蝶在鼓動翅膀，這是以前從未有過的，瓦塔亞庫里知道，父親快要出世了。

但是坦塔納姆卡家的麻煩事還沒完。大女婿對這門親事很是不滿，他認爲自己這樣頗有身分的人怎麼也不能和一個打漁種地的窮小子結爲連襟，他提出要和瓦塔亞庫里進行各種比賽，想好好羞辱對方一番。瓦塔亞庫里接受了挑戰，他跑到山上和還未成人形的父親講述了這件事。帕里亞卡卡告訴兒子，不管什麼比賽，只管應戰便是，他自會暗中相助。

大女婿提出，第一場比賽比舞蹈和美酒。大女婿認定窮小子不通音律，也拿不出什麼好酒。但是帕里亞卡卡告訴兒子，去對面的山上，變成一隻羊駝，倒地裝死，清晨會有狐狸夫婦經過那裡，狐狸太太手提一罐美味的玉米酒，狐狸先生拿著笛子和小鼓，當牠們看到他，以爲是一隻可以吃掉的羊駝，會慢慢靠近，當牠們靠得足夠近，他就用全身力氣大喊，把牠們嚇得連東西都忘記拿，這樣就可以得到樂器和酒。瓦塔亞庫里照父親說的做了。

到了比賽那一天，大女婿先開始跳舞，他帶了兩百個女人伴舞，跳得十分熱鬧。輪到瓦塔亞庫里，他掏出了笛子和小鼓，和妻子兩個人一個吹笛子，一個打小鼓，邊奏邊舞，優美的音色和曼妙的舞姿讓大地都陶醉得微微顫動。比賽第一輪瓦塔亞庫里贏了。第二輪的美酒比賽，從狐狸太太那裡得到的酒罐可以倒出不盡的美酒，供在場每一個賓客引用，這一輪依然是瓦塔亞庫里獲勝。

不甘心的大女婿又提出比衣服。瓦塔亞庫里又去問了父親，父親告訴他，去雪山頂上向雪神借衣服。穿著雪衣的瓦塔亞庫里又獲勝了。大女婿說比賽戲獅。瓦塔亞庫里在泉水旁尋到一頭紅色的獅子，他爲這頭獅子念誦歌謠，引得獅子和他一起起舞，當他們起舞的時候，天空出現了彩虹，這道彩虹便是瓦塔亞庫里的神性化身。

大女婿接連受挫，被憤怒沖昏頭腦的他還要接著比，他提出比賽蓋房子，看誰能在一天時間裡蓋出又大又好的房子。大女婿雇用了許多工匠，在一天之內就蓋出了一間像模像樣的房子，而白天的時候，瓦塔亞庫里一個人只打好了地基，大女婿認爲自己這回穩操勝券。到了夜晚，瓦塔亞庫里喚出了天上飛的、地上跑的所有動物幫自己蓋房子，天明，一棟漂亮的宅院就矗立在那裡。他又贏了。

瓦塔亞庫里對大女婿說：「每次都是你來定比什麼，這次輪到我來定了。」大女婿同意了。瓦塔亞庫里提出比跳舞，大女婿和他的妻子就像往常那樣跳起來，瓦塔亞庫里突然念動咒語，將他二人變成了鹿。變成鹿的大女婿四蹄揚起，撒腿就跑，他妻子跟在後面。瓦塔亞庫里追上了大女婿的妻子，將她的頭按在地上，又把她變成一塊石頭，而她的丈夫跑上了山坡，不知蹤影。從那個時候起，人們便開始獵鹿來吃。

這個時候，帕里亞卡卡和他的兄弟從鷹山上的五個巨蛋中孵化出來了，他們變成了五隻隼，飛上天空，落地的時候化爲人身。當得知這個世界上的人崇武尊富，甚至還有像坦塔納姆卡這樣冒充神明、欺世盜名的人，幾個神極爲惱怒，他們化身爲暴雨，將所有的房屋和牲畜都一古腦地捲進海裡，只有少數品行純良的人得以生還。

完成了對世人的懲罰，帕里亞卡卡返回到山頂，並將這座山以自己的名字命名。瓦洛奇里人認爲，因爲有了帕里亞卡卡，人們開始過上了有道德但艱苦的生活，因爲帕里亞卡卡爲了懲罰人類，毀掉了他們的家園，將他們驅逐到乾旱地區。

在另一個版本的傳說中，人類曾被一個叫瓦拉羅（Huallallo Carhuincho）的魔鬼統治，他規定每個女人只能生育兩個孩子，而且其中一個必須獻給他吃掉，但是他給了人類富饒的土地，到處都可以看到羽毛豔麗的金剛鸚鵡和巨嘴鳥，播撒下去的種子五天就可以成熟，人類也在死亡後的第五天復活。但是人類只聽魔鬼的話，生活得放蕩不堪。直到帕里亞卡卡和他的兄弟從巨蛋中孵化出來，打敗了瓦拉羅，他們重塑了這個世界，人們開始在道德的教引下生活在旱地上。

帕里亞卡卡掌握山脈、水和風，在瓦洛奇里的傳說中，他也並非道德自律的代名詞，因爲帕里亞卡卡經常倚仗自己掌握水源而對生活在旱地的人進行勒索。比如，他曾對一名叫楚姬素素（Chuquisuso）的少女承諾，只要她和自己做愛，就讓他們村子有源源不絕的水流灌溉莊稼，這名少女在委身於帕里亞卡卡後變成了運河中的石頭。直到現在，每到五月要疏通運河的時候，當地印地安人都舉行盛大的慶典來紀念楚姬素素。

消失的巨人

在現今秘魯和玻利維亞境內的卡亞俄高原（Meseta del Collao）上的蒂亞瓦納科（Tiwanaku）被視爲印加文明的先驅者。卡亞俄高原人曾經在海拔四千多公尺的高原上建起了一個人口眾多、廟宇林立的文明，如今在高原的烈日下只留下了規模驚人的石頭城池和巨人石像。有人認爲這個文明消失得很神祕，和千里之外的同樣巨人石像遍布的海上復活節島文明有某種聯繫。有的學者甚至認爲，蒂亞瓦納科文明是全美洲文明的始祖，也是一個巨石文化的帝國都城。

巨人石像的背後流傳著下面這樣的創世故事。在宇宙的最初，世界是屬於巨人的，這些巨人生活在一片黑暗之中。有一個不知從何處來的通體白色、面有長鬚的巨人在的的喀喀湖（Lake Titicaca）中的島嶼上現身，他帶領著自己的追隨者在此建立了蒂亞瓦納科城，還創造出了太陽和月亮，人們稱他爲孔蒂西（Con Ticci）。孔蒂西帶領的巨人十分有幹勁，用了一個晚上的時間就建好了巍峨的城池，但是在太陽被創造出來後，日光讓這座城瞬間灰飛煙滅，他們不得不用最堅硬的石頭重建。他們用巨石嚴絲合縫地壘成了拱門和宮室，上面的花紋是以兩百六十天爲週期的太陽金星曆。

一天夜晚，又不知從天上哪裡降下來一個女人，她播撒種子，從地裡長出來一個一個全新而完美的人。女人耳朵很大，每隻手有四根手指，被後世稱爲大耳神。她播完種子就乘著天車離去。她留下的人類在蒂亞瓦納科繁衍生息。

巨人消失了，他們的消失和不知何故惹惱了孔蒂西有關。據說孔蒂西將所有的巨人變成了石頭，接著，他又按照大耳神留下的人類的樣子雕刻了一些石像，也就是現在的印地安人的祖先。他雕刻出了不同的服飾，然後將石像散放在山谷中、河流邊和洞穴裡。放置好以後，孔蒂西向他們發出召喚，他們便有了生命。印地安人認爲這個傳說可以解釋爲什麼每個部落的人衣著不一樣。

蒂亞瓦納科的巨石太過引人注目，人們對它有各種各樣的說法。有人認爲是孔蒂西把巨人變成了石頭，有人說孔蒂西把只顧歌舞作樂而不敬神的村民變成了石頭。

孔蒂西在高原上四處遊蕩，懲罰那些不遵守規矩的人，也給勤懇忠厚的人以獎勵，最終他走向了大海，和大耳神一樣消失

蒂亞瓦納科古城與石像

了。

後來的印加文明繼承了蒂亞瓦納科的衣缽，他們將其創世神孔蒂西說成是印加主神維拉科查的前身，試圖讓自己的文明和這個古老而神祕消失的蒂亞瓦納科文明一脈相承。

鱒魚和男人的結合

在南美洲中部的亞馬遜雨林，遮天蔽日的幽深綠谷中生息著各種動物，還有數不清的印地安部落，他們的數量難以統計。即便在現代文明無孔不入的今天，依然有很多雨林部落沒有見過外面的來客。生活在這裡的人們保持著自己的叢林宇宙觀——神明性格暴躁，如同危機四伏的密林，他們時不時要將一切打翻重建。生命從死亡中來，在殘酷的生存中生死並無界線。

德薩諾人（Desana）生活在哥倫比亞和巴西交界的密林中，他們認爲世界就是由河流和叢林組成的，太陽爸爸創造了能量、風、水和土四種宇宙基本元素，白天的太陽是白日，夜晚的月亮是黑日。神以晝夜劃分，日神負責丈量時間、平衡衝突，而夜神在德薩諾人的居所馬洛卡（Maloca）外守護他們不受暗夜野獸的侵害。在他們的世界裡，人和動物在原始時代沒有明顯的界線，德薩諾人也不認爲自己是純種的人類，他們這樣解釋自己族群的由來：一條水中的鱒魚愛上了一個岸上的男人，於是就和他同居了，他們生下的兒子就是德薩諾人的始祖。德薩諾人自幼便被代表風神的蜂鳥所庇護，在死後，他們也化成蜂鳥保護自己的兒孫，所以他們也自認是乘風而來乘風而去的風之子。後來鱒魚和男人的子孫與叢林裡不同的雌性生物同居，由此誕生了不同的部族。

在瓜拉尼人（Guaraní）的傳說中，全能之神納曼都（Ñamandú）在開闢鴻蒙之時如同一株植物一樣生長，他的雙腳栽在泥土裡，如植物的根系，他的雙臂在空中延展，就像開花的枝條，一邊搖曳一邊變長，樹冠豐盈起來宛如頭顱，樹心長出了心臟，開始跳動。樹一樣的納曼都開始造物。他首先創造出來的並非實物，而是語言，他用火焰和縹緲的薄霧結合，細碎的聲音混雜在一起，產生了語言。有了語言，他才開始著手創造其他神，首先是語言之神，然後是火焰與日光之神、雲霧煙霧之神、雨水雷電之神以及其他的神。納曼都又劃出了大地和海洋，區分了日夜，變出了最早的動物和植物。

瓜亞基人（Guayakí / Aché）認爲人類是從地下鑽出來的，這些人類祖先開始生活在炎熱的地心，有一天他們忍受不了越來越熱的地心，於是用指甲挖出了一條地道，破土而出，來到地面，看到外面空間這麼大，他們便不再爬行，扶著樹木慢慢地站起來，學會用雙腿行走。瓜拉尼人認爲第一代人類是會法術的，可以讓大地的收成更豐厚，離開地心後，一代一代在地面上生活，法術越來越弱，到現在竟是完全不會了。

雨林地區的人認爲人類的誕生不是和土地有關，就是和動植物有關。有的部落傳說人類祖先被蛇吞進肚子，在把蛇肚子破開後才得以見天日；有的說人類本來歡快地生活在一棵巨樹裡面，在樹轟然倒下後男女老少才唱著歌跳著舞，快快樂樂地來到這個世界上。

雨林是個過於危險的存在，所以這裡生活的人沒有太多勇氣進行探索，他們如同綠色汪洋中的島嶼，與外界鮮有聯繫。儘管他們知道自己並非世界唯一的人類族群，但是他們在自己的神話體系中還是貶低外族人。雅諾瑪米人（Yanomami）說，不守規矩的人掉進了河裡，被巨大的水獺和鱷魚吃掉了，血水在水面上形成泡沫，神明將這些血水掬起來，念動咒語，將他們變成了外族人，但是外族人沒有權利和雅諾瑪米人說一樣的語言，只配講鬼話。

在雨林中總是存在著不知來處的各種聲響，聲音造物的傳說更多了哲學的意味。有的印地安部落認爲聲音才是所有生物眞正的型態，只要說出某種動物眞正的名字，就可以和牠溝通，從死去的英雄體內傳出的各式各樣的聲音對應於世間萬物，通過歌聲和在叢林中風中夾雜的聲音可以理解世界是怎樣被創造出來的，以及它沿著怎樣的路線在延伸。

雨林的人認爲，做夢也可以是創世的一個方式。維托托部落（Witoto）的人認爲，宇宙在最初並沒有什麼眞實的物質，一個無具體型態的渾沌神用意念幻想出來浮動的幻象。他在腦海中把夢境扭成繩索，然後順著繩索去尋找幻境的盡頭，但是幻境就像無底洞。他在空中猛踩，把幻象踩成結實的土地。在大地上結出了果實，虛幻變成了眞實。

第二章

神奇的動物在哪裡

就在這些古老的物種到達南美不久，海水淹沒了巴拿馬地峽，把牠們同其他大陸隔開，由於沒有食肉動物的襲擾，南美大陸的哺乳動物發展出越來越怪異的體型，出現了體型龐大的大地獺……後來，巴拿馬地峽再次浮出海面，各種符合效率的北美哺乳動物，如美洲豹、劍齒虎，相繼湧入南美大陸，將那塊大陸原有的古老物種趕盡殺絕。

——布魯斯・查特文（Bruce Chatwin）
《巴塔哥尼亞高原上》（*In Patagonia*）

善意的守護

安地斯山區空氣清冽，抬起頭仰望夜空，星星如同鑽石般清晰，但在印地安人眼中，星星並不值得過多關注，星星之間的黑暗空間才是神獸羊駝的神聖之軀，而明亮的星星不過是牠們的眼睛。羊駝對於山地人十分重要，牠是主要的貨運馱獸，羊駝毛可以編織成保暖的衣服和美麗的毯子，皮可以做成印地安軟皮靴，牠的肉和豚鼠肉一樣，是安地斯山區人主要的蛋白質來源。羊駝溫順的性格和討喜的外表讓印地安人奉牠爲第一神獸。

這種推崇在印加文明時達到了巔峰，印加人有辦法把地上的羊駝和天上的星辰對應起來，讓偉大的羊駝成爲茫茫宇宙中最不可思議的那部分，印加人認爲這樣有助於他們去理解宇宙。他們認爲在地上跑的一群一群普通羊駝是具有神性的天上羊駝的人間投影，天上羊駝不死不滅，代

羊駝是印地安人的第一神獸

表神性之永恆，還有一隻超級羊駝神也生活在夜空裡，牠的身軀無限大，星宿的周天變化正是牠在空中緩步行走。牠是如此巨大，有極長的脖子和大大的眼睛。據說牠在午夜時分會慢慢探頭到大海裡喝水，凡人看不到牠，也聽不到牠喝水，但是如果牠不喝水，大地在第二天就會被海水淹沒。

羊駝被認爲是神的使者，有預知未來的能力，可以將重要的訊息帶給人類。傳說一個牧羊人在草場上放牧羊駝，牠們不肯吃草，牧羊人問牠們原因，羊駝回答說上天示警，在五天內整個世界會被大水淹沒。牧羊人相信了羊駝的話，問該怎麼辦。羊駝叫他準備好食物，帶著妻子，五天後和牠們一起逃到山頂去。五天後，牧羊人照著做了，到了山頂發現動物們都已經知道了這個消息，而人類卻忙於自己手上的事情，沒有注意到種種異常的徵兆。

遠處的海水開始沸騰、上漲，慢慢淹沒了山丘，狐狸的尾巴尖浸到水裡，一下子變黑了，所以到現在狐狸的尾巴尖還是黑的。牧羊人在山頂耐心地等待著，又過了五天，海水退去了，大地重新露出來，牧羊人夫婦是唯二倖存的人，於是他們成爲人類的新始祖。人類在羊駝的拯救下得以繼續繁衍，而很多印地安人相信，人死後會轉世爲羊駝，有時還能帶著前世的記憶。

和世界其他地方民族的神話一樣，印地安各個部族的神話中也有大洪水和人類被拯救的故事。南美洲南部地區生活的馬普切人（Mapuche）認爲，大洪水是海洋蛇母皚皚（Caicai Vilu）挑起的，她馬首蛇身，身形龐大，當她晃動巨大的身軀時，巨浪滔天，大地就像跳舞一樣抖動。一天，她從海裡出來，開始吞吃陸地上的人和動物，她越吃胃口越大，她想吃掉地上全部的人畜。面對強大的al塏塏，陸地蛇母騰騰（Tenten Vilu）只得造山來保護她的子民，她造出很多山峰，讓人帶著動物爬得越高越好。但海蛇讓海水暴漲，陸蛇只得繼續把山變高。就這樣兩個蛇母不斷鬥法，山越來越高，快挨到太陽了，山頂上的人都曬得黑黢黢的。陸蛇飛上山頂，用尾巴捲下一塊大岩石，把海蛇砸死了，整個世界都安靜了。馬普切成年女性的腰帶上經常有這兩條蛇的圖案，蛇在印地安文化中並非狡詐的形象，而是強大雌性力量的象徵。

在洪水過後，動物同樣拯救人類，在厄瓜多的加納利（Cañari）地區，印地安人講述了下面這個故事。大洪水將一切淹沒，但是一對聰明的兄弟逃到了魔山上，洪水上漲，魔山的高度也在增加，當洪水淹沒了世上所有的高山，所有人都淹死了，唯有魔山上的兄弟倖免於難。但是他們在山頂沒有找到什麼吃的，兄弟倆飢腸轆轆。他們走下山，找到一個可以搭建茅屋的地方開始生活。洪水沖毀了一切，他們只能從土裡刨出一些薯類充飢。一天，出門尋找食物的哥兒倆回來，發現桌子上擺著美味佳餚，比洪水之前他們吃的還要好，他倆也顧不得多想，狼吞虎嚥吃起來。第二天晚上，他們又發現桌子上擺滿了豐盛的菜餚，一連十天都是如此。兄弟倆越來越好奇，到底是誰做了這樣的好事？這個世界上除了他們還有人存活下來？他倆決定看看是誰。次日，弟弟依舊出門找食物，哥哥躲在屋裡，他一直等著，直到聽到一些細碎的聲響，似乎還有翅膀拍打的聲音。哥哥出門一看，一人高的金剛鸚鵡落在他家的屋頂上，一共有兩隻，但臉實在是看不清，

暟暟和騰騰兩大蛇母鬥法

時而看是鳥，時而看是女人。哥哥心急，想捉住鳥，鸚鵡受驚飛走了。哥哥只得飢腸轆轆，待在原地。

弟弟回來了，聽哥哥講述了鸚鵡女人的事情，十分驚訝，他決定自己來設伏，結果一連三天鸚鵡都沒露面。直到第四天，弟弟聽見鳥兒拍打翅膀的聲音，他沒有出聲，看著兩隻美麗的鳥落了下來，化成人形，走進廚房，把飯菜做好。等她們轉身準備離開的時候，他衝進廚房，將門閂上，兩隻鳥驚慌地在屋裡亂飛，卻飛不出去。弟弟伸手抓住了小一點的鸚鵡，而大一點的鸚鵡趁機用喙把門啄開，飛走了。

弟弟盡力安撫鸚鵡美人，不斷求她留下來，嫁給自己。鸚鵡美人被弟弟打動，不再想逃走，和弟弟結婚，生了六個兒子和六個女兒。她還從遠方帶來了莊稼種子，讓弟弟和哥哥可以有固定的收成。所以，至今加納利地區的人很尊重金剛鸚鵡，絕不傷害，因爲他們認爲自己身上流著鸚鵡的血。

印地安人想借助動物的力量來保護自己，或者借助動物和神明溝通。秘魯的奇穆人崇拜蛇，認爲蛇是智慧和力量的象徵，在奇穆人的都城昌昌古城（Chan Chan）裡修建得異常龐大的房舍的外牆上隨處可見蛇的蜿蜒造形。印加人把都城庫斯科（Cuzco）修建成美洲虎的形狀，希望以此保佑城池固若金湯。在秘魯著名的納斯卡線（Nazca Lines）中也有不少動物的圖案，在納斯卡十分乾燥的沙礫上刻畫出的圖形線條是南美神祕文化的代表。在一年四季溫度奇高的荒野，納斯卡人用石子修建了水渠，灌溉少得可憐的一點作物。仙人掌長得非常好，這是一種經濟作物，最大的收益來自上面的胭脂蟲，用手一捻，顏色鮮紅，是很多國際品牌口紅的原料。最初，沒有人發現在寸草不生的荒原上刻出的深深線條有什麼含義，直到西元一九二六年，有人從高空看到全貌，才發現這些神祕的線條組成了清晰可辨的巨大圖案，有蜂鳥、猴子、蜥蜴、山鷹，以及八條腿的蜘蛛，也有人和植物。

西元一九三二年，年輕的德國女人瑪麗亞·萊歇（Maria Reiche, 1903-1998）到了秘魯首都利馬，她是來給德國領事的兩個兒子當家庭教師的，但是她很快被秘魯的風光迷住了，她把所有的空閒時間都用於安地斯山的遊玩。一九三六年她短暫回國，但是發現自己已經不喜歡歐洲的生活了。一年之後，她回到了秘魯，決定做點什麼。利馬有家外國人都喜歡去的茶室，她在那裡認識了美國考古學家保羅·科索科（Paul Kosok, 1896-1959）。保羅那個時候已經在研究納斯卡線，在他的帶領下，瑪麗亞·萊歇到了納斯卡，看到了龐大得驚人的地線。當地氣候炎熱、乾旱，人們用白石子壘成了漩渦一般的水窖，這種漩渦是地母帕查媽媽（Pachamama）的化身。這些喚醒了瑪麗亞·萊歇對印地安文明的激情，她終於知道自己該做點什麼了，什麼才是自己的天命。當她開始研究納斯卡線的時候，當時的人們已經可以用科學手段繪製出地線的精確圖紙，而她是第一個企圖揭開圖形背後祕密的人，她從數學、地理和物理的角度對納斯卡線進行了四十年的研究，她認爲，這些圖案和星座排列一致，與神祕的古代占星學有關，這種說法很對當時歐洲的胃口，也符合他們對南美大陸光怪陸離的想像，但是很快被一名英國天文學家傑拉德·霍金斯（Gerald Hawkins, 1928-2003）推翻了，他用現代電腦檢測了瑪麗亞·萊歇的理論，發現只有極爲少數的圖案和星座相符。關於納斯卡線最離奇也是流傳最廣的說法是瑞士作家埃里克·馮·丹尼肯（Erich von Däniken, 1935-）在他的暢銷書《未來回憶》（*Erinnerungen an die Zukunft*）裡提出的，他說曾經有外星人飛船在納斯卡降落，外星人的出現讓當地人認爲是神明降臨，當他們走後，當地人便在硬土沙礫之間刻畫出了巨大的線條，方便神明再次著陸納斯卡，而那些巨大的圖案傳遞的是歡迎的態度。

納斯卡地線中的飛鳥圖案

儘管在外人看來地線不可思議，但本地印地安人的看法則樸實得多，他們認爲這些地線是古時村落留下的水渠，因爲缺水，需要用巨大的水渠來保存水，那麼圍繞著村子就挖出了溝渠，圖形中的動物是村落圖騰一類象徵物。有的考古學家發揮了想像力，認爲古納斯卡人發明了類似熱氣球的飛行裝置，可以從空中俯瞰這些圖案，有的則認爲地線是供人們行走用的，圍繞著特定的動物圖案行走是一種古老的巫術，可以獲得來自遠方高山的生命法力。納斯卡人很多也以動物爲姓，以期獲得力量，飛鷹、美洲虎都是常見的姓。

古代印地安人在自然的嚴酷中把人類的身段放得很低，他們認爲，很多動物都參與了造人。雨林部落認爲祖先是從蛇腹或者其他動物的肚子裡鑽出來的，而種子和火種也是動物給人類的。在巴拉圭河（Paraguay River）上游，奧帕耶部落（Ofayé / Opaié）有個關於火和美洲虎的可愛傳說。據說美洲虎是所有動物中最早擁有火的，比人類還要早，於是動物們輪流到虎媽媽那裡去要，虎媽媽很警覺，不輕易給牠們，只有豚鼠拿到了，拿到火種的豚鼠沒有小氣地收起來，而是隨手給了路邊的人類。在很多印地安傳說中都記載了動物的善良和慷慨。

變形記

（一）輕浮的蜂鳥

在印地安神話中，變成動物不是什麼好事，多半是一種懲戒，但這種懲戒並不嚴厲，甚至還帶著幾分浪漫的色彩。

曼努比（Manubi）是某個瓜拉尼部落的一個帥哥，外形像美洲虎一樣威猛，身材和河邊的燈芯草一樣修長，奔跑起來如同平原上的原駝一樣靈巧，但是他生性輕浮，熱中於勾引部落裡的女孩，卿卿我我，許她們未來，然後將她們拋棄。女孩們對曼努比又愛又恨，但是又忍不住在他游泳和奔跑的時候在一旁偷看。

曼努比父親是個老巫師，他對兒子一直看不順眼。一天，老巫師對兒子說他年紀不小了，該成家了，建議他向其他人那樣娶個女人過安定的日子。但曼努比卻回答說世上還沒哪個女人配得上他。聽了這樣自負的話，精通巫術的父親決定懲罰輕浮的兒子。曼努比有個習慣，在每個有月亮的夜晚欣賞自己的影子。一天晚上，月亮清輝灑滿山谷，他照例在月光下看著自己的影子，越看越入迷。他的影子一會兒變深了，一會兒又變淺了，曼努比覺得自己一定是眼花了，心想今天的月光好奇怪啊。慢慢地，從他的影子裡長出了一個他從沒見過的漂亮女人，曼努比被她的美貌震撼了。這美人的容貌又陌生又熟悉，他一眼就愛上了這個美人，愛情的力量讓他覺得彷彿置身於時間的荒漠，世間萬物都沒有了，只剩下這個女人的如花美顏。女人那麼柔嫩，像新生的月亮一樣讓人憐愛。她不敢直視曼努比熱烈的目光，羞澀地低下頭，轉身就走。曼努比連連喚她，她也不回頭。曼努比只好傻傻地跟在後面。他倆一前一後走了一個晚上，穿過森林，跨過河流，翻越山巒，一直走到不知名的曠野上。曼努比癡癡地盯著那美麗的背影，不知自己身處何地。他們這樣一直走到天明，女人不顯疲累，依然美麗動人。終於，她在低矮的花叢前停了下來，讓曼努比閉上眼睛。等他睜開眼，美人已經不在了，忽聽耳邊低語：「爲了懲戒你的輕浮，圖巴神

（Tupã）把我變成了你眼前的花，他把你變成了一隻很小很小的鳥，但也是世界上最美的鳥，上天對你的懲罰就是在全世界的花蕊中找到我。」曼努比覺得身子越來越輕，他有了一對振動的翅膀，他愉快地接受了任務，開始在花叢中漫遊，尋找自己的美人，不覺得苦，也不覺得累。

（二）巨蝶

瓜拉尼人還有關於輕佻的女人變成動物的故事。有個酋長的女兒叫帕南比（Panambi），長得特別漂亮，是方圓幾百里內最美的女人。很多部族鬥士都帶著禮物去求親，但是這個美麗而輕浮的女孩只和他們調情取樂，並不把他們放在心上。一天，白人侵略者來了，經過一番血戰，部落取得勝利，俘虜了不少白人，其中有個白人小伙子有一頭金髮和天空一樣的藍眸，一下子俘獲了少女帕南比的心。部落裡的巫師在邪神的蠱惑下要燒死這些白人，但是他們天明時發現白人俘虜都跑了。原來帕南比用美色誘惑了看守，偷偷放了俘虜，她自己也不見了。人們都說帕南比和白人私奔了。

幾天後，人們在一株菟絲子下發現了她的屍體。大家又議論紛紛，說她是被白人拋棄了，痛哭數日後死去的，尤其是女人們，把這個故事描述得繪聲繪色，好像親眼看到一般。大家都厭棄她，沒人給她收屍，連她的父母也羞於埋葬她。但是過了幾天，帕南比的屍體形狀變得有點奇怪，腫大起來，像一個大蟲蛹。又過了幾天，蟲蛹的外皮破了，人們趕緊躲遠一些，不知什麼妖物會出來作祟。但是他們看到的是一隻翅膀巨大的蝴蝶從屍首中破繭而出，兩隻翅膀流光溢彩，變化如夢。蝴蝶向山中飛去，從此山裡就有了這種巨翅蝴蝶，比任何一種蝴蝶都美，正同帕南比生前比所有的女人都美一樣。不過變成蝴蝶以後，她的性子也如生前一樣，只愛在花叢中流連挑逗。

瓜拉尼人也承認，儘管把風流的人變成了蝴蝶或者蜂鳥，但是這種懲罰也並不是很嚴厲，因爲他們依然過著輕盈美好的生活。長出翅膀這個橋段在瓜拉尼人的神話中是很常見的，他們認爲主神圖巴給死後可以上天的靈魂一對看不見的翅膀，待他們到了天上，再根據他們的特點分派他們做不同的鳥，讓他們下一世不必勞苦，而是在人間飛翔。

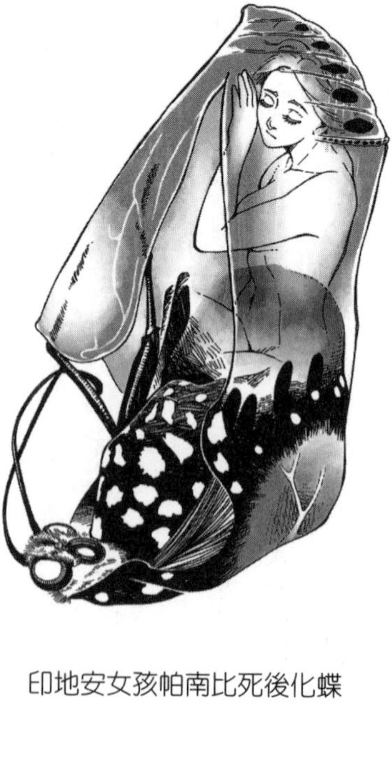
印地安女孩帕南比死後化蝶

（三）會講人言的野豬

居住在查科（Chaco）地區的部落依靠狩獵維生，動物在他們眼中是獵物，好的獵手是他們的英雄。但是在查科文化裡，動物和人的界線也並非涇渭分明，傳說中好的獵手會變成自己想要捕獵的動物。

有個獵人經常捕獵野豬，死在他手上的野豬不計其數。一天，他夢到一頭大得異乎尋常的野豬走到自己面前，口吐人言，請他不要再捕殺牠們。獵人醒來感到害怕，不過當他拿起弓箭長矛，便忘了夢裡的情形，他繼續捕殺野豬。一次，他出門捕獵，在樹林裡被一群野豬圍攻，他爬上一棵樹，樹下的野豬卻越來越多，密密麻麻，他自感大限已到，自己將斃命於此。忽然，潮水般的野豬向兩邊分開，在他夢中出現過的那頭野豬施施然走來，開始說人言，聲音就和夢裡一樣。牠請獵人下來，說如果繼續待在樹上必然是個死，下來會放他一條生路。獵人戰戰兢兢地從樹上下來，野豬們果然沒有傷害他，野豬首領給了他一張野豬皮，半邀請半強制地讓他加入了野豬群。過了幾年，野豬首領死了，獵人憑藉自己人類的智慧當上了野豬的指揮，但是他還是心向人類，每當看到其他獵人他都會揮手示意，教他們圍捕野豬的方法。

但是這位獵人的型態已經越來越像一頭野豬，讓人望而生畏，雖然部落裡的人稱他爲「比野豬還厲害的人」，但是人們總是懷疑他是野豬的探子，總有一天會把人類騙進野豬的陷阱。一天，人們把他綁回了村子，想讓他繼續和人一起生活，並且把森林的祕密都告訴他們。但是獵人和野豬一起生活的時間太長了，身上長滿了黑色的毛，吃東西的方式也和野豬一樣，和人相處他覺得十分不自在，終於他尋了個機會逃回了森林。後來，人們還能看到他和野豬在一起，不過他再也不向人們揮手示意了，但是每當人們圍捕野豬時，他就會遠遠躲開，不幫助任何一方。又過了幾十年，沒有人再見過他。

（四）水鳥的悲劇

變形的故事也可能很悲慘。在巴塔哥尼亞地區的湖區有個傳說，說的是從前有個美麗的山谷，山谷裡有一個風平浪靜的大湖，有個小女孩每天去湖邊取水，她愛幹這個活兒是因爲可以順便洗洗臉，在水邊梳梳頭，除此以外，她只愛和家人待在一起。湖神天天透過透明的湖水欣賞小女孩黑漆漆的眼睛，著實喜歡得不得了。過了幾年，小女孩長大了，湖神覺得時候已到。一天，女孩照常去取水，平靜的湖水突然出現漩渦，一隻巨大的利爪從水裡伸出，將女孩抓到了水底。她絕望的呼喊被父母聽到，等他們操著木棒趕到水邊的時候，只看到女兒消失在水中。幾個大浪掀起，無數條魚被沖上岸，水裡有個聲音告訴女孩的父母，這些魚是給予他們失去女兒的補償。

女孩被帶到水底，關在一個深深的洞穴中，等她睜開眼，差點被嚇昏過去——她看到了很多具無頭的女孩屍體。向外望去，那些女孩的頭顱被湖神擺成了某種巫術陣，在水中頭顱們緊閉雙眼，臉孔呈青色，明顯死去多時。女孩扛不住這樣的恐懼，又昏了過去。

湖神變成一個英俊的少年來勸說女孩，他許諾迎娶女孩爲自己正式的妻子，好好待她。女孩不允，只是抽泣著請求湖神將自己送回家，她說：「我不想生活在湖底，我想看到山，看到樹，還有我生活的山谷。」湖神答應了女孩的請求，但是他有個條件，女孩不能離開湖太遠，即使上岸，也不能走遠。女孩滿以為可以回家，馬上答應了。沒想到，湖神用法術將女孩變成了鸊鷉。只見她的腿一點一點變短，腳砰的一聲成了鳥蹼，胳膊也消失了，取而代之的是短短的翅膀，幾乎無法飛行，她一開口，發出的聲音就是和當初被抓到湖底時一樣的悲鳴。女孩被徹底困在湖裡，她雖可以上岸，但岸上的沙礫將她的蹼硌得生疼，無法多走，只得回到水裡。她可以潛水到湖的深處，這也是湖神所希望的。

（五）巫師的變形

南美印地安人認為人分幾個層次，即本我、自我和超我，而超我是看不見、摸不著的，往往通過某種動物表現。巫師們在人形和動物之間自由轉換，在變形中才能擁有超能力。

在阿根廷北部，傳說有巨型的飛蛇，在天上飛的時候如同龍捲風，可瞬間飛行千里，主宰風雨雷電和風暴，是不祥的象徵。飛蛇通常半夜回到巢穴中，以人形過夜，白天再化身飛蛇，為害人間。所以，在某些部落，把男巫隱晦地稱為「飛蛇人」。從哥倫比亞到阿根廷的大部分地區的印地安人還相信他們看到的叢林中的美洲虎有可能是個男巫。這種男巫具備一定的變身力量，他們躺在一張鋪在地上的美洲虎皮上，從左向右裹住自己，同時念動咒語，骨骼震動，肌肉暴漲，虎皮越裹越緊，最終完全長合在身上，一寸都不多，一寸都不少。這時他成了「虎人」，有美洲虎的金色皮毛和典型的貓科動物的臉，但是爪子比動物要靈活得多，和人的手指類似，沒有尾巴或者尾巴極短。他可以吞食動物，也可以吃人。當恢復人形的時候，他還要像之前那樣躺在地上，從右往左將獸皮脫下，如果在脫皮的時候有個人往他臉上啐三口唾沫，他的眼睛就會瞎；如果想殺掉他，用在神前供奉過的木棒就可以打死他，但是必須等他脫下獸皮才可以；當他是「虎人」的時候，沒有什麼東西能擊敗他。當虎人男巫死的時候，他的身子越來越瘦小，肌肉也逐漸萎縮下去，最後成了一個普通的老人，滿頭白髮，皮膚也皺巴巴的。在叢林部落裡，虎人的名聲不算壞，人們認爲巫師可以化身美洲虎是爲了和自然溝通，他們代表某種暴虐但同時又是光明的力量。

叢林中化身虎人的男巫

死亡動物園

（一）蛇怪（Basilisco）

南美的印地安人和大自然共生，主張萬物有靈，自然有溫情脈脈的一面，也有嚴酷神祕的一面，所以印地安人無法不相信自己身邊有各種各樣神祕的妖獸，牠們或帶來神祕的死亡，或帶來疾病。於是，在他們的腦海中，依照現實中動物的樣子創造出種種怪物的意象，來解釋何謂厄運。

如果一顆雞蛋孵了很久沒有孵出小雞，偏巧蛋的個頭又特別小，安地斯山的印地安人就會緊張，趕緊把它丟掉，因爲他們認爲很可能孵出給全村帶來厄運的蛇怪。這種蛇怪雞頭蛇身，十分靈巧，牠的父母通常是很老的母雞和花公雞。

據說這種怪物一旦出生，就會迅速找到房屋的角落待下，凡是不小心和牠對視的人都會死去，牠的目光是可以殺死人的。這種怪物剛出現的時候，人們沒有任何辦法對付牠，只能鎖上房門，放火把房屋燒掉。後來人們聰明了一些，閉著眼睛把水盆或者鏡子端到牠面前，只要讓牠看見自己，牠就會死去。

（二）阿霍阿霍（Aó-Aó）

巴拉圭的瓜拉尼人認爲山中有一種叫阿霍阿霍的怪獸；四蹄如羊，體型龐大，成群結隊，以吃山中迷路的人維生。牠們生性凶猛，遇到人類會怒氣沖沖地進行攻擊。如果遇到牠們，唯一的辦法就是趕緊爬上棕櫚樹。被瓜拉尼人的聖樹棕櫚樹的氣味一薰，阿霍阿霍就會暈頭轉向，放棄追擊。

（三）卡丘魯（Cachirú）

阿根廷地區的印地安部落認爲危險來自天空。卡丘魯是傳說中的惡鳥，形如貓頭鷹，體型碩大，灰色羽毛和鬃毛相間，眼大如月，夜晚在樹梢上棲息，眼睛會從密林的間隙中發出寒光。牠的可怕之處在於飛行起來悄無聲息，可從空中捕食人類，誰一旦被牠盯上，小命難保。但怪鳥卡丘魯有個可愛的習慣，牠嗜酒如命。牠會來人類的村落，如同張開的巨傘一樣落在屋頂上，如果人類識趣，就趕緊獻上三大罈玉米酒，放在院子中間。如果卡丘魯喝了，就代表牠成了朋友，會保護這家人不受傷害。

（四）卡馬崴斗（Camahueto）

智利南部被殖民者視爲蠻荒之地，南部的奇洛埃群島更是化外之地。奇洛埃人（Chiloé）是馬普切人的一支，終日和冰冷的海水打交道，在各個小島間航行，是出色的水手。這個地區傳說中的怪物和水有密切關係。卡馬崴斗是奇洛埃傳說中經典的水怪，牠有一歲的小牛犢般大小，有公山羊一樣硬而短的毛，有牛一樣的角，渾身閃閃發亮。和其他不知來處的怪獸不一樣的是，卡馬崴斗是巫醫們所種出來的。巫醫們把水怪角上的碎屑種在山谷深處的泥淖中，過二十年，泥中就會長出水怪。剛出生的水怪便力大無窮，而且可以聽到巫醫發出的神祕召喚。這種召喚將牠引向海邊，牠的主人已經在那裡等牠。儘管有萬鈞之力，但主人用一根海帶就可以拴住牠，讓牠順從，任意驅使。牠的巫醫主人通常用牠的角去摩擦病得垂死之人，據說可以賜予其生的力量，使之病癒。

（五）人魚（Sirena Chilota）

海邊生活的奇洛埃人有各種關於人魚的傳說。和世界上其他國家一樣，奇洛埃傳說中的人魚也是人首魚身。還沒有哪個國家說人魚是魚首人身，因爲那樣會完全喪失人魚的神祕和美感。相傳奇洛埃人魚會變化，他們上岸後就會變成人類的模樣，有健壯的雙腿。而變成人的人魚無論男女都美貌無比，有長長的充滿光澤的頭髮，幾乎可以垂地，十分誘人。

奇洛埃人和人魚的關係十分微妙。一方面，在神話體系中，人魚也算半個神，江河湖海都有他們的身影，他們居住在水中，讓水不會乾涸，他們也掌握魚類資源。所以爲了捕到更多的魚，人類定期給人魚供奉，他們把一鍋美食放在沙灘上，等著人魚來吃，波浪把食物捲走，意味著人魚接受了供奉。有時候浪裡會出現一個女人魚，手裡提著一個裝滿海鮮的筐，她會上岸把海鮮放在沙地上，算是對人的回報。

另一方面，奇洛埃人也一直警惕來自水中的誘惑。人魚很容易對人類動心，他們會設法讓喜歡的人到水底和自己生活在一起。在人類眼中，這種引誘是人魚做的壞事。人魚在水底唱歌，動人心魄的歌聲如同催眠曲，讓他們的目標不知不覺走入水中，直至溺斃。人魚會成爲這些淹死的人的伴侶。因爲男人魚比較多，所以溺死的通常是女孩，人魚會用一些水產給她們的父母作爲安慰，他們企圖用這種拙劣的手法使這些父母不傷心。被人魚誘惑溺死的人會被水流送到水底一個叫人魚殿的地方，在那裡他們也會變成人魚，但不是所有的人都可以變成人魚，有的會變成水鳥，人魚也會將牠留在身邊。如果人魚看上

奇洛埃人魚無論男女皆美貌無比

的是有夫之婦，那麼人魚會設法給她的丈夫或者未婚夫一筆錢作爲補償，這種方式其實來源於馬普切人部落的習俗。馬普切人如果掠來了別人的妻子或者未婚妻，都要這樣做。女人魚也會掠走男人，她們會給男人的母親錢。傳說男人魚性淫，他們不只會掠奪女人，還會與到水邊洗澡的女人交歡，所以女人魚的名聲相對好一些。

據說第一批人魚是陸蛇神騰騰造出來的，他們是在海蛇神和陸蛇神的那場大戰中溺死的人，勝利的陸蛇神將他們變成了人魚，可以永遠在水中生活。有的人魚心地善良，有的人魚則因無法回到岸上生活而對人類心懷怒氣，如果人在水裡洗澡，他們就對他發起攻擊，讓他溺水。馬普切人生活的區域河流多，人們也喜歡游泳，每年有不少人在洪水和漩渦中喪生，村民會認爲這是人魚在暗中搗鬼。

奇洛埃群島上的人說人魚公主就生活在奇洛埃群島中一個難覓蹤影的小島上，她是金狼海神（Millalobo）最小的女兒。金狼海神是在海蛇神之後海洋的管理者。人魚公主奉父命管理魚群，她在南方的海水裡驅趕魚群，如同放牧。她的相貌十分美麗，在滿月的夜裡，幸運的水手可以看到她坐在礁石上用金梳子梳著長長的金髮，有時水手還可以在行船時看到她的金髮在水中若隱若現。高興的時候，她會讓魚兒進入漁網，讓漁船滿載而歸。人魚公主又美麗又孤獨，水手們雖然愛慕她，但是不敢靠近，就算被她的美貌所惑，但是總歸會看到她那並不性感的魚尾巴，當水手流露出離去的念頭，人魚公主便會哭泣，一邊哭一邊把她孤單的傷心事唱出來，會再次讓人心軟而不能離去。人魚公主還會誘惑男人和她到海底見家長，她給男人一對鰓，讓他在水中可以呼吸，然後帶他回海底。在法術的限制下，男人想離開大海也不行。分手的主動權在人魚公主手裡，她是個喜新厭舊之輩，如果不喜歡這個男人了，就會放了他，給他大筆的錢財。但是男人回到陸地，娶妻生子，他和別的女人所生的孩子還是會在法術的殘餘影響下長出魚尾巴，村落裡的人就會知道，原來這個男人曾經是人魚公主的情人。

（六）水皮子（Cuchivilo）

水生的怪物在馬普切人的傳說中還有很多，幾乎構成一個死亡動物園。相傳在智利和阿根廷南部的湖水和淺海中有一種叫「水皮子」的怪物，也叫魔鬼毯。這種生物體形如蓆，嗜血。黃昏時馬普切人一般不下水或者過河，因爲這個時候是水皮子進餐的時間。牠慢慢靠近獵物，水花也不濺一星，迅速包裹住獵物，使其窒息。這種奇怪的生物是兩棲的，可以上岸。不要以爲牠在岸上就不可怕，牠在陸地捕獵時會施展自己的催眠術，然後包裹住獵物，用身上細細的牙齒將獵物啃得只剩白骨。想殺死一隻水皮子需要部落巫師的幫助，念動咒語，再向其不斷投擲當地酸果樹的樹枝，樹枝落在水皮子身上可以如同炭火塊般灼燒，將牠不斷烤焦，最終死去。

（七）蛇狐（Nguruvilu）

蛇狐也是一種可怕的水中怪物，和水皮子一樣，牠也是兩棲的。單看腦袋，牠和狐狸一樣，但是身子完全不同，牠有著長長的如同海蛇一般的身子，但更爲怪異的是，牠長了一條又長又粗的帶倒刺的狐狸尾巴。這條尾巴十分重要，是牠捕獵的工具。

蛇狐力大無比，生活在比較淺的水域和泥淖之中，牠可以用那驚心動魄的大尾巴上的倒刺將落入牠所在水域的人或者動物拖過來，使其溺斃在水中，然後吃掉。有時爲了誘惑獵物，牠還會用法術讓水變淺，使人畜誤以爲可以安全踏水通行，等他們進入水中，牠再讓水面上漲，弄出漩渦，淹死他們。和水皮子不同的是，蛇狐不喜歡離開水，離開水牠就會打冷顫，好似感受到了冰一般的寒冷。

如果一片水域有蛇狐，想要安全通過只能借助船隻。只要有蛇狐在，靠水生活的人就時刻在危險之中。如果想趕走蛇狐，就要借助巫師的力量。巫師先奉上禮物給蛇狐，軟語請牠離開。如果蛇狐不聽，那麼巫師就要開始作法。他們勇敢地進入蛇狐的水域，待蛇狐漲水，漩渦形成，走到漩渦中，從中找到蛇狐的尾巴，用法力將其抓住。接下來的手法就很簡單老套了，用刀子威脅牠，叫牠不許再待在這裡，否則就將牠剁成幾段。受了威脅的蛇狐通常會老老實實跑掉，於是這片水域就不會再有奇奇怪怪的漩渦了，暢通無阻，人們也可以放心在河中洗澡、打水以及游泳了。

（八）牛形羊（Huallepen）

牛形羊是個牛頭羊身的怪物，渾身毛色醜陋，蹄子是彎曲的。牠也同樣和水有關，主要生活在水中，也是兩棲動物，在水中危險十足的動物。牠會像瘋了一樣攻擊人畜，直到對方死亡。據說最早的牛形羊是一隻羊和一頭畸形的牛交配生的，這種醜陋的動物一降生便被視爲不祥之物。牠在岸上雖然不主動進攻，但牠會造成更大的危害，那就是如果牠從牲畜群中走過，那麼所有的母牛或者母羊都將生下畸形的小崽兒。但更可怕的是，如果孕婦看到牠或者聽到牠的叫聲，就會生下畸形的嬰兒或者流產。如果孕婦連續三個晚上夢到牛形羊，預示著她腹中的孩子是畸胎。

（九）阿里坎朵（Alicanto）

馬普切人還守著全世界最乾燥的沙漠阿塔卡馬，沙漠神話中的鳥——阿里坎朵，體型龐大，美麗得近乎魔幻，展開雙翼便有璀璨的金光射出，脖頸像天鵝頸一樣優美，但是爪子又尖又長，散發著寒光。牠的美麗之處在於通體發光，所以飛翔的時候不會在大地上留下影子，牠的翅膀有金屬的光彩，眼睛裡有烈火般的灼熱。但是這種美麗的鳥卻可以將人引導至死亡之地，所以也是不祥之物。

馬普切人生活的地方再往南是火地島，也被稱爲世界盡頭。代表西方世界的麥哲倫在西元一五二〇年抵達火地島的時候，看到了鯨魚擱淺的屍體，又看到島上冒著煙，不知是何生番之地，故而未敢登陸。西元一六一九年，荷蘭艦隊越過合恩角（Cape Horn），在荷蘭人手上拿著的地圖上，繪圖師憑藉想像在火地島周圍繪滿了人魚、蛇髮女妖和巨鳥。西方人相信，火地島四周是寒冰海水，其中有烈火煉獄，正是地獄的寫照。

今日的火地島

第三章

多重天地和多重靈魂

心中沒有上帝的人，盡可以去迷信。

——馬奎斯《番石榴飄香》

（*El olor de la guayaba*）

天地日月和靈魂

繼續從世界盡頭火地島講起。火地島的人環顧周天，覺得有四個天，分別對應東西南北四個基點，其中東天是最爲重要的，因爲是造物主特茅克神（Temáukel）居住的地方和萬物之源。

用時間和空間劃分天地是印地安的傳統。從時間上來講，印加人認爲現在的天地是後生的，此前還有五個世界，所以這五個世界在神話中都有過開啓和毀滅的過程。印加人認爲天上的太陽也並非不變，現在照耀人間的是第六個太陽。第一太陽紀的時候人們還生活在山洞裡，第二紀的時候人們只會使用石頭，第三紀的時候大家都生活在山谷裡，到了第四紀人類開始有了文明。每一紀被土風火水四種元素毀滅，也受到戰爭的影響。一個太陽紀結束的同時，它的主神也隨之消亡。

從空間上來講，印加人的宇宙分成上中下三層，在三層世界中還存在進入過去和未來的通道，所以宇宙就像一層一層疊在一起的法式可麗餅。這些平行宇宙之間有訊息往來，所以人類可以預言未來，和看起來沒有生命的石頭交流，因爲在另一個世界裡，石頭也許是個有活力的生命體。

印加宇宙觀和天上的星星緊密聯繫，在他們生活的南半球，天空的中心是南十字星，也是主神維拉科查的標誌。印加人根據南十字星的形狀創造出了印加十字架（Chakana），有四個角，象徵時間、空間、移動和生命這宇宙四要素。這四種要素不斷碰撞，產生了多種宇宙關係。人類作爲卑微的宇宙個體，所經歷的每一刻不過是宇宙的往復。在南十字星的啓發下，印加人認爲他們生活的這個宇宙是分成四個部分的。爲了呼應天上的秩序，他們的中興之主帕查庫提（Pachacuti, 1438-1471）將首都庫斯科重建，修建了四條大路，從中心廣場向四方延伸，這四條大路既象徵著帝國，也分別對應宇宙秩序的四個部分。

銀河在一年中的六個月從東北向西南斜穿天際，而在另外四個月，從東南向西北斜穿，這種變化和印加人的旱季和雨季基本是重合的。印加人的曆法被認爲十分神祕而費解，時間上的曆法和空間上的構造被他們結合在一起。四十一條歪歪扭扭的線條成蛛網狀，從中心廣場散發，它們連接印加各部落的聖地——印加人稱之爲華卡（Huaca），華卡包括泉水、墓地、洞穴或者聖石。印加曆由四十一個星期組成，每週有八天。聖地華卡的網絡和曆法交織在了一起。每一個華卡都有自己的意義以及地位。通常，華卡是印加各部落的始祖在洪水之後重新選擇的繁衍後代之處，另外，也是出現神蹟的地方。比如，庫斯科城外的一塊巨石相

使用印加十字作為圖騰的傳統織品

傳就是一位印加貴族所化，印加軍隊經常給它穿上精美的衣服，甚至出征的時候都帶著它，以此鼓舞士氣。印加帝國有一千多名專門記錄聖地和曆法的人，他們會將時間和空間結合在一起，形成一個獨特的、不斷變化的宇宙周天。

對造物神維拉科查、太陽神英蒂（Inti）、大地之母帕查媽媽等神祇的崇拜是印加神話的主要內容，這些神話是支撐印加帝國精神世界的基礎。印加人構建好了自己的宇宙和各方神明，然後南征北戰，把神話沿著安地斯山向南北兩個方向推廣，讓印加秩序在龐大的帝國中運轉起來。

印加人崇拜太陽，奇穆人則崇拜月亮，在被印加人征服後，奇穆人只能調整主神的座次，把月亮放在太陽之後，之前他們一直認爲太陽是一種凶惡的力量。奇穆人對月亮的崇拜承襲自莫切人（Moche）。莫切文化比奇穆文化和印加文化都更加古老，他們的月亮主神叫斯（Si / Shi）。莫切人在海邊生活，是出色的水手，所以他們認爲掌管潮汐的月亮比太陽強大，月亮變成新月被視爲月亮受傷了，而重新滿月象徵月亮女神的勝利。爲了給予月亮能量，他們會獻祭，甚至用活人。一些農耕的小部落則崇拜星星，他們把星座描繪成天上的野獸，某些星座的出現被認爲是一種信號，意味著旱季的結束。

另一支印地安主要種族瓜拉尼人屬於熱愛避世的那類人，他們認爲宇宙最初一團混亂，神在混亂中造出了世界。他造出的第一塊大地是人和神共同生活的樂土，人們無病無災，衣食富足。但是有個男人和自己的姑姑發生了關係，犯下了神最不能容忍的亂倫之罪。神發怒了，用大洪水懲罰了人類，不讓他們在樂土上繼續居住下去，他一夜之間把樂土轉移到了一個神祕的地方，自己也搬到天上去了。大洪水過後，第二個神造出了第二塊大地，從樂土上被趕出來的人們只能在這片有疾病、有痛苦的大地上生活。人們稱第一塊大地爲「無垢之土」，稱第二塊大地爲新大陸。瓜拉尼人相信，品行良好的人還可以進入已經消失的「無垢之土」，但是前提是要找到它。

在馬普切人的世界裡，天地像個分成四瓣的大橘子。神和靈住在上面，人住在下面，而這兩半世界又從垂直的角度分成了好的和壞的，於是好的神和壞的神、好的人和壞的人，都在同一個平面中體現出來。

馬普切人認爲，他們生活的地方是世界的中心，看不到的四方中，東方是聖地，所有的神都來自東方，西方是惡靈出沒的地方，北方和南方分別是噩運和好運的源頭。馬普切人並不通過修建廟宇來祭拜神明，而是用更爲自然的方式，他們會在林中尋找四周被肉桂樹環繞的一塊空地作爲自己的神廟，在肉桂樹樹幹上刻上凹槽，這樣，部落裡的巫師可以爬到樹頂和天上的神溝通。

馬普切人的宇宙充滿了一個詞，或者說一個概念，

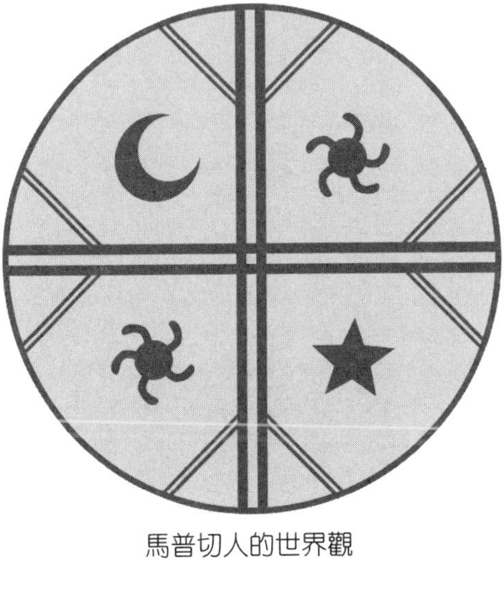

馬普切人的世界觀

就是靈。他們說在天地生出來之前，靈充盈在一片虛無之地，他們有各種各樣的型態，他們的身子是用軟綿綿的雲朵做成的，有的是自然界的靈，有的是人類的靈，有的是神的靈。

靈的脾氣其實不太好，在遠古時爆發過古靈大戰。當天地還是個新生兒的時候，神和靈一起醒來，他們覺得黑乎乎的世界不方便，就聯手創造出了光。男靈中最爲強壯的叫安圖（Antu），他找到一個中意的女靈昆雅（Kuyén）作爲自己的妻子。從這第一對男靈女靈攪和在一起開始，天地間才有了時間，時間才開始像流水一樣向前流逝，不再回頭，直到現在，沒人能夠從頭到尾將其丈量。

安圖威猛神勇，女靈們都喜歡他，她們對昆雅的嫉妒隨著時間的流逝而不斷增長。看到女靈們都爲安圖吃醋，男靈們也不高興了，在他們的慫恿下，女靈們對安圖越來越不客氣，她們的愛變成了嫉恨，引發了一場戰爭。佩里（Peripillán）也是個強大的男靈，他在安圖之後也找到了妻子，但是他不能忍受安圖被視爲第一強大的男靈，他帶領著一夥不安分的男靈以及對安圖因愛生恨的女靈對安圖宣戰。他們之間的戰爭曠日持久，越來越多的靈被捲入了戰爭，整個宇宙沒有一處淨土。這場大戰被稱爲古靈大戰。

在戰爭之中，安圖和佩里的兒子們都長大了，加入了戰鬥。打著打著，兒子們生出了奪權之心，覺得是時候把老爹的位子搶過來了，於是他們改變了戰爭的主題，把它變成了子對父的戰爭。安圖和佩里很生氣，兒子居然敢挑戰他們的權威，於是他倆又聯合起來，教訓兒子們。他倆把這些漂亮高大的孩子往雲上扔，雲是剛剛造出來的，看起來像一床大被子，孩子們以爲雲會接住自己，其實雲是空心的，他們的身體穿雲而過，重重地摔在地上，巨大的身體摔成了幾塊，把地上砸得高低不平，他們的身體化成了山。這樣人間就有了地勢的起伏，不再是平坦一塊了。安圖和佩里的戰爭仍在繼續，最終安圖獲勝，他把失敗者佩里和他的追隨者從天上扔到地上，摔死了他們。佩里他們的屍體在地面上砸出了大大小小的深坑。很多曾站在佩里一邊的女靈哭泣著懇求安圖原諒她們，她們的淚水把地上所有的溝渠和深坑都填滿了，就形成了河流和湖泊。古靈大戰結束了，女靈們又想起了被摔死的孩子們，看著孩子們的屍體變成了沒有生命的大山，又開始哭起來。最爲強大的宇宙靈同情她們，讓屍體有了生命，但不能恢復本身的樣子，就讓他們變成動物，其中佩里兒子的屍體變成了一條叫皚皚的雌蛇，而安圖的兒子變成了雌蛇騰騰，她們後來引發了馬普切人著名的陸蛇海蛇大戰，最終導致了大洪水。世界再次洗牌。

馬普切人的靈種類很多，有存在靈和創造靈，男靈、女靈、惡靈、善靈……等等，但是在他們的體系中沒有傳統的善惡分明的對立，惡靈不一定作惡，男靈女靈也可能作惡。靈沒有年齡，可以說他們古老，也可以說他們是年輕的，因爲構成他們核心的是一些抽象的概念，比如熱情、直覺、夢和理解力。

馬普切人認爲生命的目的是要掌握創造力、想像力、直覺和理解力這四個方面的知識，通過歷練和學習，學會自我存在的方式，掌握自己的天命（上天給予的命運），如此這般，才可以在結束塵世生命後變成強靈。強靈往往是部落首領死後所化，他們不只保護部落，也會在不高興的時候弄出洪災、地震、疫病來懲罰自己的子孫。馬普切人說強靈藏身於地上、高山頂上或者山岩裡面，他們要是生氣了，火山就會爆發，大地就會顫抖。

馬普切人眞正畏懼的是自己的父系先祖，他們崇拜父親，更崇拜祖父，如果祖輩已經去世，會比生前更加受到尊重和畏懼，因爲死去的祖父有可能已經成爲自然界的靈，他們的回憶會直接影響現在還活著的人的生活。馬普切人就生活在各種靈之中，他們詢問靈的意見，平衡靈之間的關係。馬普切人喜歡黑色，因爲黑色象徵超自然的空間，也象徵著靈，馬普切巫師們經常使用這個顏色，仔細看會發現馬普切人的黑色其實是一種沉甸甸的極深的藍色。黑色和代表戰爭、鮮血、花朵的紅色以及代表自然和大地豐饒的綠色一起，成爲馬普切人最爲鍾愛的三種顏色。

很多神話中都有一個創世的主神，但是馬普切人沒有。爲了讓馬普切人皈依天主教，十七和十八世紀時西方的傳教士從馬普切人的神話系統中來回找，依然找不到一個萬能的主神可以和上帝對應，但是這些西方人找到了一個可以稱爲神的詞——「人之管理者」。儘管這些西方人的傳教沒那麼順利，但是很多馬普切人依然抱怨說西方宗教的衝擊把他們的神話體系搞亂了，這種混淆讓他們本來的世界虛弱下去，馬普切人也不如當年英勇。

奇伯查山谷的穆斯卡人把統治和宇宙結合在一起，他們也認爲在我們生活的這個世界之前還有好幾個世界，只不過都是沒有生命的世界，只有風和石頭而已。太陽神蘇阿的後代成爲穆斯卡國王，他手下的貴族是月亮神奇耶的後代。穆斯卡人的管理十分精密嚴格，採取封而建之的管理策略，貴族在自己的領地上擁有絕對的權力，控制軍隊，制定法律。貴族還管理祭司，但是每個領地上有一個大祭司不受貴族控制，他們被視爲幫助人類啓蒙的博基卡神的代言人，大祭司和貴族都要服從穆斯卡國王。貴族死後，繼承他的位子的不是他的長子，而是他長姊的長子，這種舅甥相傳的方式使得地方政權無法做大，不會威脅到國王的權威。穆斯卡人認爲現在的世界距離未來已經近了，等未來的時間中止，現在的世界就徹底完結，在宇宙不知名的某個地方，會開啓一個新的世界輪迴。

阿瓜路納（Aguaruna）是厄瓜多南部和秘魯北部的亞馬遜叢林部落，他們認爲自己生活的世界是多層世界中的最底層，被太陽神、地母、戰神、智慧神、毀滅神統治。他們認爲所有的人都有兩個靈魂——好的和壞的，在人死後，他的好的靈魂會上天，而壞的靈魂留在人間成了小魔鬼。他們認爲雨林裡充滿了靈魂，每棵樹和每個動物都是一個死去生物的轉世和化身。有的雨林部落還認爲天地有七層；還有的認爲天地有五層，分別是人間、地獄和三層天堂。

印地安人的天地並不那麼涇渭分明，查馬科科人（Chamacoco）甚至認爲本來是地在上，天在下，但是天忍受不了總被人踩在腳下，提出和地換個位置，地答應了，就一直到現在。

天和地之間如何溝通聯繫呢？很多叢林部落對樹有敬畏心態，他們認爲在上古時代，有一棵大家可以共享的大樹，稱爲宇宙之樹，根紮在土裡，樹冠抵達天堂，人們可以順著樹爬到天上去。宇宙之樹的種類也隨著部落的不同有變化，有的說是棕櫚樹，有的說是刺梨樹。不過現在這棵宇宙之樹已經不在了，倒塌的原因各有不同。圖帕里部落（Tupari）認爲，天地之初，除了人類，還有一些會法術的人，他們被稱爲術士。術士有自己獨立的部落，不和人來往，但是他們卻給人帶來麻煩。一個術士家裡生出了半人半野豬的怪物，這個怪物專吃小孩，於是不堪其擾的人類鄰居只好一個接一個爬上宇宙之樹，想到天上躲一躲，沒想到怪物也順著樹的藤蔓上來了。正義的鸚鵡啄斷了藤蔓，怪物一下子掉了下去，摔成了碎塊，大一些的碎塊變成了鱷魚、鬣蜥和禿鷹，小的變成了蜥蜴和癩蝦蟆，而宇宙之樹也承受不了那麼多人的重量，轟然倒了。術士部落的人自感再也不能待在人間了，於是飛升上天，住到了天上，成了不死的神，凡人再也看不到他們，只有薩滿的靈魂才能上天拜訪。還有的部落對宇宙之術的倒塌非常隨意地編了一些故事，比如被蟲子蛀斷了，而且他們認爲在有這棵樹的時候，一些凡人也爬上了天堂，樹倒了之後，他們下不來了，也就順便在天上成了神，變成太陽、月亮或者星星什麼的。

天地之間的聯繫除了樹，還有其他的東西。厄瓜多的卡內克拉丘人（Canelos-Quichua）認爲，升騰的霧能把地上的東西帶到天上，雨能把天上的東西帶到地上，鳥也是信使，可以在天地之間傳遞訊息，甚至有的鳥也能進入陰間。

靈魂和薩滿

南美印地安人相信他們有多重靈魂：一個是擁有名字的靈魂，掌管行爲；另一個靈魂像陰影一樣，由記憶和思想組成。但是世界很危險，靈魂容易受傷害，薩滿的任務就是保護這些靈魂。

雨林部落的人認爲人的靈魂分爲人和獸兩種，代表理性和天性。舒爾人（Shuar）是亞馬遜最大的部族，他們說人類身上有三種靈。一種是天生靈，天眞爛漫，如同小動物一般有活力。天生靈每個人身上都有，它給予人類自由的肢體和簡單的思考。

第二種是本靈，本靈被認爲只存在於男子體內，賜予肉身力量和潛能。有了本靈，人就不會夭折，疫病也很難使他死去。獲得本靈有兩種方式，一是家族傳承，一個人死後，他的靈魂可能轉世到後人的身體裡，繼續在這個家族裡生活，那麼轉世後的人就擁有本靈，有的還能記起自己前世的事。但是大多數的人沒有這麼幸運，他要去尋找自己的本靈。舒爾人從六歲起就要在森林裡尋找自己的本靈，他們要耳聰目明，張開自己的每一個感官去感受大自然所給予的信號。舒爾人終其一生都在尋找本靈，找到本靈後，男人在戰場上便十分英勇，因爲本靈是不會隨著肉體的死亡而消逝的，在戰死後，本靈會化爲復仇靈，繼續攻擊敵人。

舒爾人說的第三種靈便是這種復仇靈，是本靈在人死後所化的，舒爾人部落的斬頭習俗就是針對復仇靈的。西方人在對亞馬遜的不斷探險中見到一種小小的人頭皮囊，毛髮五官俱在，但是只有正常人頭的五分之一大小。看到這個物件，西方人很害怕，也生出很多猜測，甚至認爲雨林裡生活著另一種人類，有和地球完全不同的文明存在。事實上，這只是舒爾人製作出來的象徵自己勝利的物件。當舒爾人的兩個部落發生衝突，勝利一方的酋長會把戰敗一方酋長的人頭砍下來，經過剝離、挖目、去骨、蒸煮、蔭乾、煙燻等過程，將人頭做成原來的五分之一大小的皮囊，皮囊和一個男人的拳頭差不多大。爲了不使頭顱上的頭髮脫落，還有獨門技巧保留毛髮。西方人稱舒爾人爲獵頭族，外界的獵奇心理讓舒爾人人頭皮囊在黑市上的價格不菲，很多都賣給了西方收藏家和遊客。事實上，舒爾人製作人頭皮囊的目的是徹底消滅對方的本靈，防止靈魂回來報復。

自然界居住的神明有的保護人類，有的則喜怒無常，不拿傷害人類當一回事。爲了搞懂神到底在想什麼，要做什麼，印地安人終其一生都在努力和神明的世界溝通。對靈的信仰是印地安部落中很普遍的，他們相信萬物有靈，所以人類可以以靈的型態和身分去和萬物交流，可以超越肉體去和神明溝通。很多事情都可以使靈魂離開身體，比如疾病、縱欲，或者另一個靈魂的入侵也可以使本來的靈魂出竅。

厄瓜多山區的人認爲萬物都有靈魂。他們把馬鈴薯打扮成娃娃的樣子，讓不孕的女人抱著睡覺，他們相信，在人的氣息的薰染下，馬鈴薯會有靈魂，漸成人形，天長日久，馬鈴薯娃娃的靈魂會轉移到她的肚子裡去，最終生出一個眞正的孩子。

正是因爲印地安人的世界充滿了神明和鬼魂，天地之間不可名狀的東西都有自己的靈魂，所以他們才格外需要溝通者，那就是薩滿或者巫醫。治病是薩滿重要的職責，不管是靈魂上的病還是身體上的病。薩滿大都精通草藥學，對植物和礦石都很了解，他們會運用心理、宗教和催眠的方式治病。除了治病、通靈，薩滿還聲稱自己可以支配天氣，掌握獵物和收成，據稱火地島的薩滿還能控制時間的快慢。

南美的薩滿之間沒有什麼統一性，更沒有拜同一個神。每個部落都有自己的薩滿，他們的招數都不一樣，通靈的方式也不一樣，有的用致幻草藥，有的唱唱跳跳，有的節食閉關，有的聲稱自己在平行世界裡變成了動物。有的亞馬遜部落相信，虎人和魚人是世界的主導者，而人類不過是生活在最底層世界的可憐生物，能否在漁獵上有收穫取決於虎人和魚人的恩賜，所以薩滿要去看不見的那個世界求他們。有的地方有沼澤，人們畏懼沼澤，認爲裡面住著水蟒人，薩滿說自己在靈魂出竅後可以和水蟒人溝通。但是這種靈魂出竅也十分危險，因爲雷神會派出手下襲擊他們，讓薩滿的靈魂無法回到身體。

雨林裡的生物種類十分繁雜，不管是植物還是動物，都可以變成神明或者惡靈。在這樣一個危機四伏的世界裡，雨林部落裡的薩滿可以讓死去的人的靈魂附在自己身上，和生者對話，也可以抓鬼，或者成爲人和神之間的溝通使者，也可以治病救人，平息自然災害。他們的宇宙觀更多的是無序、狂躁的。他們重視儀式，癲狂的舞蹈和繁複的程序讓他們聯想起無序的宇宙，世界好像隨時準備被打翻，重新來那麼一下。

安地斯山的人和亞馬遜雨林的人一樣，敬畏自然界無處不在的靈魂。印加人認爲有一些人天生具備影響靈魂的能力，這種影響可以是善意的，也可能是惡意的，所以有好的薩滿，也有詛咒下毒的黑薩滿。黑薩滿終日和毒物打交道，作法害人，這種巫術就連印加王都要小心提防。印加王的侍女會把印加王脫落的頭髮立刻吞到肚子裡，就是防止落入敵對的薩滿手中。印加人隨時感覺到神明的脆弱和詛咒的力量，在這樣一個充滿靈魂的世界裡，他們活得如履薄冰。

印加王身邊也有薩滿，主要是占卜。儘管印加薩滿的社會地位遠沒有祭司高，但很多貴族都會請他們占卜，在做重大決定之前會找他們來先問個吉凶，普通人也會找他們，尋找失物或者尋找親人的下落。占卜的方式是多種多樣的，有的是看炭火的灰燼，有的是觀察蜘蛛網和蜘蛛網上捕獲的動物，或者用玉米粒、豆類來抓鬮（音同「揪」）。很多部落認爲，薩滿不是天生的，但他們是被上天選中的。被選中的人會生一場大病，病得迷迷糊糊，在一種瀕臨死亡的狀態下聽到一種聲音的召喚。被選中者閉著眼睛，但是很多畫面會突然湧到他眼前，飛速地轉動，很多是他從未見過的東西。神用這種方式給了他這個世界的祕密知識，也給了他奇特的視角去看世界，這種天授的方式讓此人在一個晝夜就可以獲得成爲薩滿所需要的所有才能。出色的薩滿可以超越生死，重生爲獸。也有的部落認爲薩滿是世襲的，兒子從父親那裡繼承薩滿的神力。薩滿新手會得「薩滿病」，一開始，是神智混亂，舉止失常，胡亂唱歌跳舞，像瘋了一樣，就像部落老人說的，是人性和神性較量的結果。被神明所左右才是一個人眞正要成爲薩滿的前兆。

也不是所有的印地安人都相信大病和瘋癲是成爲薩滿的途徑，馬普切人更相信學習的力量。馬普切部落裡的薩滿，被稱爲瑪奇（Machi），是部落裡最受敬重的人。他們是巫醫，是靈魂的引導者，也是軍事指揮者。無論是男人還是女人都可以當瑪奇，但是過程十分漫長。部落的酋長和老瑪奇要在一群孩子中挑選下一任瑪奇的候選人，選拔的條件很多，比如孩子的家族中之前是否出過瑪奇，他從小有沒有表現出預言能力，家裡的病人有沒有在他的安慰下病勢轉輕，這些都在考量之中。當確定最終人選後，小瑪奇就要開始跟隨老瑪奇進行漫長的學習，主要學的是草藥的知識。

瑪奇事實上就是馬普切人的醫生，用草藥和巫術給他們看病，據說厲害的瑪奇連白人的病都能看好。瑪奇知道所有的事情，部落裡打仗也是瑪奇來指揮的。瑪奇是善良的巫師，但是他們也可能在黑暗勢力的誘惑下成爲黑瑪奇。如果瑪奇成爲嫉妒愛財之輩，只爲了獲得報酬才給人看病，或者用自己的智慧作惡，和人類爲敵，成了鬼怪的幫凶，那麼他就黑化了，成爲黑瑪奇。

根據馬普切人的傳說，很多瑪奇是在和自然界黑暗勢力的戰鬥中不幸被對方收買的，經常誘惑他們的就是來自奇洛埃群島的男巫。

奇洛埃群島上的人是馬普切人的一支，他們沒有薩滿，只有作惡的男巫。男巫的本事很大，可以不用喘氣，可以飛行，他們還能變成黑狗、黑貓和貓頭鷹，可以遠程作法害人，還能呼喚怪物。和瑪奇一樣，奇洛埃男巫也具備豐富的動植物知識。

奇洛埃群島在大海上，而男巫們的靈魂之舟就漂浮在其中。男巫們每三個月要到船上去提高自己的靈力，和閉關修練差不多。靈魂之舟從不靠岸，所以男巫們要騎海馬到達那裡。每當海上突然升起濃霧的時候，奇洛埃漁民都能看到一艘巨大的船浮在海面上，船上響起鼓樂之聲，還亮著光，好像裡面的人在慶祝什麼節日，船頭立著一隻黑色的公雞，兩側划船的水手都有一條腿向後折到背上，形容可怖。很多奇洛埃人都能很眞實地描述大船的樣子，就連水手的衣服都說得清清楚楚，他們說自己清楚地看到水手揮舞著慘白的手向他們打招呼。碰到這船，漁民們不敢呼救，更不敢操起武器，他們唯一能做的就是靜靜等待它消失。過一會兒，船就消失在霧裡，漁民便繼續打漁。

奇洛埃男巫是害人的，他們催眠盯上的獵物，進入家宅，拔掉獵物的頭髮，給他的後背和四肢放血，或者在村裡傳播疫病。這些男巫雖然外表看上去和人類一樣，但是他們不能吃鹽，肉桂也不行，還一年四季都緊緊圍著圍巾來遮掩他們脖子上的巫師紋身。

每個奇洛埃男巫都有一件用死人胸口上的皮做的披風，因爲沒有後背，所以用帶子把披風繫在身上，如果除掉他的披風，他就像刺蝟一樣蜷起來。這件魔披風對男巫非常重要，有了它，他可以變化、飛行、隱身、開門入戶。在飛行的時候，披風像個燈籠似的會發光，可以照亮道路。沒了披風，男巫就什麼也不是。奇洛埃人爲了避免親人的屍體被男巫糟蹋取皮，會將屍體剁成幾段再下葬。

奇洛埃男巫的靈魂之舟

薩滿和致幻草藥

薩滿要通過服用致幻類草藥來通靈，其中比較重要的草藥就是古柯葉。安地斯山的印地安人一直愛咀嚼這種葉子，據說可以減輕高山症。這種神奇的葉子最早是被蒂亞瓦納科人發現的。據說很久以前蒂亞瓦納科人發現了肥沃的盆地，爲了開墾土地，他們放火燒掉了上面的植被，結果惹惱了雪神。雪神掀起了一場暴風雪，把蒂亞瓦納科人逼進了山洞裡，等他們出來的時候，發現之前儲備的糧食已經發霉。他們只得出去覓食，有個人到附近的灌木裡去找吃的，沒想到，就摘了幾片葉子充飢，結果吃完之後神采奕奕，他非常高興地和同伴分享，後來蒂亞瓦納科人就開始大量種植這種古柯葉。印加人以蒂亞瓦納科文明的繼承者自居，所以他們也有咀嚼古柯葉的習俗，整個印加帝國的貴族和祭司都以咀嚼上好的古柯葉爲榮。印加人在死前，都會嚼幾片古柯葉來減輕痛苦。

因爲古柯葉的這種鎮痛功效，所以關於它的很多傳說都和痛苦有關。相傳有個放蕩的女人，她到處留情，讓很多情人都傷了心，後來她被情人聯合起來殺死了，從她的屍體裡長出了古柯。還有的部落說古柯是女人發現的。有個喪子的婦人悲痛欲絕，在曠野中痛苦地遊蕩，無意間吃了幾片古柯葉，發現內心的痛苦減輕了，於是她告訴了村裡人，大家就在病痛的時候拿它來鎮痛。

印地安人總是把古柯葉和女人聯繫在一起，叫它母親的香料。

對於印地安人來說，古柯葉與咖啡和茶的作用差不多，第一次來到秘魯高原的人會在當地人的招待下喝一杯古柯茶，緩解不適，睡一個好覺。在阿根廷、玻利維亞和秘魯，飲用古柯茶是合法的。古柯葉一年收穫三次，玻利維亞的拉巴斯地區（La Paz）可以一年收四次，在秘魯的高地地區甚至可以一年收六次。人們把收來的古柯葉曬乾後，直接咀嚼或者用來泡茶。從西元前三千年的印地安木乃伊的頭髮上檢測出的成分也證明，早在那個時期印地安人就已有了飲用古柯茶的習慣。在印加帝國出現之前，其實古柯葉的使用早已普及，但是安地斯山區進入印加帝國時代後，古柯產業一下子被印加貴族控制起來了，古柯葉成了只有貴族才能享用的奢侈品。後來，西班牙人入侵南美，他們瓦解了印加帝國，也順便把古柯產業從貴族手上解放出來。西班牙人迫使印地安人爲他們做苦力，古柯葉作爲幹活的時候提神的東西，再次在百姓中普及。

金虎尾湯是幾種致幻類草藥混合起來的迷魂湯，南美北部和中部的印地安人非常喜歡這種湯劑，因爲在致幻類草藥的作用下，他們能看到自己想像的那個宇宙，和神明進行交流，至少離神的世界近一些。金虎尾湯只有薩滿才會做，主料自然是金虎尾這種植物，但是其他的配料就是各個部落薩滿自己選用的了，可稱是獨家祕方。現在印地安人依然在宗教儀式上服用金虎尾湯，本土醫生認爲金虎尾湯可以治療抑鬱，但是療效都十分短暫，而且服下後會出現噁心、嘔吐、發抖和昏睡等反應。但是也有不少民俗學家堅稱金虎尾湯可以加速人類的意識覺醒，和神靈交流，改變人生，治療疾病和解決精神問題等。

舒爾人在尋找本靈的時候也要用金虎尾湯。當一個少年下決心要在森林裡尋找自己的本靈的時候，他要先把自己關在屋子裡好幾天，不吃東西，只喝水，這是進入森林前的一種訓練，好讓自己的耳朵更靈敏，眼睛更靈活，以便能發現自然之神給的那些暗示。之後，他會和一位導師一起出發，導師會陪著他找到本靈。導師帶著少年一直往大森林的深處走，走上幾天，少年會驚訝地發現有一間小屋出現在自己眼前。小屋被稱爲夢屋，每個部落都有屬於自己的祕密夢屋。導師和少年在夢屋裡住下，每天取水、做飯，和在村子裡一樣。但是導師告訴少年，要留心周圍的一切，當有動物凝視他、植物沒有隨風擺動、瀑布的水量突然改變、彩虹出現方向異常等異兆出現的時候，他要馬上回到夢屋，服下金虎尾湯，然後睡下，等待本靈降臨。導師在這個時候會守護著少年不被野獸侵害。他告訴少年，本靈會以死去長者的面目出現，或者某種動物，他必須解除掉自己所有的意識武裝讓本靈像泉水一樣湧入身體。當少年醒來，覺得頭腦和身體都比以前更靈活，還知道了一些自己以前不知道的事情，那麼本靈就已經在他體內了。他回到部落就成了眞正的男人，父母會尊重他，處處詢問他的意見，而且他還有資格成爲部落的鬥士。若干年過去，少年老了，他會成爲導師，帶領新的少年到叢林中的夢屋，幫助他們尋找自己的本靈。

亞馬遜地區的薩滿在進行助人通靈的儀式時，也用到金虎尾湯。薩滿讓參加通靈的人圍成一個半圓，然後他開始抽菸草，從鼻子噴出煙來，噴到每個人身上，據說這樣可以在儀式開始前先淨化一下身體。之後參加者要服用薩滿調配的金虎尾湯，二十到四十五分鐘後，參加者會出現「金虎昏」，暈倒在地，還有的人會嘔吐，但每個人毫無例外都能看到幻象。每個人看到的幻象各有不同，薩滿稱這些都是人生的指引，要好好去思考。

雨林的人對致幻類草藥十分依賴，維托托部族的男人每天晚上會找個地方一起吸食古柯葉和抽菸草，他們還喝鳥爪湯和木薯酒，暈暈乎乎很晚才會散去。

在世界最乾燥的沙漠地區生活的阿塔卡馬人通過吸食致幻鼻煙來接近神，他們認爲神都生活在火山裡，所以想和神說話只能通過這種方式。

亞馬遜雨林中生息著無數生命

第四章

失落的黃金國

風高高揚起所有的塵土，在日落的天空看起來都像黃金。

——弗羅斯特（Robert Frost）
《大量黃金》（*A Peck of Gold*）

金人的故事

哥倫比亞的北部流傳著這樣的傳說：開天闢地的神是四個兄弟，他們在鴻蒙之中誕生，看到天地混沌，十分不滿，決定創造出一個美好的世界。他們先是把天抬高，又把地踩結實，讓天上有雲朵，讓地面上有山巒、河流和樹木。忙活完了，看著自己創造出來的世界，兄弟四人甚爲滿意。兄弟中的一人說：「這樣美好的景色，好像還缺了點什麼。」於是四人一致決定造出一種生物來主宰這個世界。大哥從身邊挖出一塊泥土，捏出了一個有胳膊有腿的小人，晾在林子裡陰乾。等泥人乾了，看見泥人模樣很討喜，大哥很得意，說：「讓這個小傢伙當世界的主宰怎麼樣？」三哥說：「地面上這麼多河流湖泊，咱們用水試試他。」大哥把泥人扔到河裡，不一會兒泥人就化爲一灘稀泥。三哥嘲笑了大哥，二哥在一旁看著不忿，他從樹上劈下一段木頭，用心雕刻起來。二哥手巧，雕出的木人五官細緻漂亮，四肢也纖細很多，二哥還細心地給木人刻出十個手指和十個腳趾。大哥和四弟都湊上來看，嘖嘖稱奇。三哥卻不以爲然，說再扔到水裡試試。二哥早有準備，把木人輕輕放在河裡，木人漂浮起來，不沉底，水明顯不能傷他半分。三哥轉了轉眼珠，又說：「拿火來試試，木人要是水火不侵才能當世界的主宰。」他們點起了一把火，精工細作的木人被火舌吞噬，火燒過後，地上只剩一堆黑色的灰燼。大哥二哥都生氣地看著三哥，說：「都是你在搗亂，我們倒要看看你有什麼辦法能造出人。」三哥不慌不忙，從兜裡掏出一塊金子，沒人知道他什麼時候在兜裡藏了一塊金子。三哥是兄弟四人當中穿得最華麗的，掏出一塊金子也符合他的性格。三哥用最堅硬的刀在金子上雕刻，按照木人的樣子雕出了一個金人。金人渾身閃閃發光，比泥人和木人都漂亮得多。大哥二哥嚷嚷著也要用水和火考驗金人，金人被放到水裡，自然是沒事，當二哥生了火，準備用火烤金人的時候，本來完全不動的金人突然大叫一聲，頭也不回地跑到森林裡了，只留下兄弟幾個面面相覷。

四弟一直很沉默，他是兄弟幾人中最不起眼的一個，他割下自己一塊肉，說用肉來造人。大哥二哥本來就不高興，三哥在金人跑了以後也覺得丟臉，他們不理會四弟說什麼，直接走了。四弟用了一個晚上的時間造出了有血有肉的人，還設法讓人會繁衍後代。等大哥他們過來看的時候，森林裡已經到處都是嘰嘰喳喳的人了。四弟告訴大哥他們，這個世界已經有了主宰，他們的任務完成了，該去安息了。於是兄弟幾個離開了地面，去天上休息了。

四弟造出來的人很善良，也很有好奇心，他們在森林裡種地、打獵、男歡女愛，生活有滋有味。有一天，他們在森林裡發現了早先逃跑的那個金人。金人渾身硬梆梆的，放射出耀眼奪目的光芒，人類情不自禁很崇拜他。金人很倨傲，看到人類態度謙卑，對自己又很敬畏，他開始支使人類幹這幹那。人類拿來了美酒和好肉，但是他們發現金人吃不了東西。金人說他喜歡寶石，人類又採集了很多寶石奉獻給他。金人就這麼被人類養了起來。和人類待的時間久了，金人的身體也慢慢軟化了，能吃東西了，後來他還在人類中找了個姑娘結婚，生下了後代，但是金人那種吝嗇自大的性格也遺傳給了自己的後代。後來，在哥倫比亞北部的部落裡，要是一個人過於會算計而發了財，大家就說他是金人的後代。

哥倫比亞以盛產黃金而著稱，中部的瓜塔維塔湖（Lake Guatavita）裡產沙金。據說在湖底可以尋到金器、綠寶石和數不清的珍寶，因爲在這裡生活的印地安部落有個奇特的風俗。他們敬畏湖神，認爲湖神對部落酋長的任命有發言權，所以，在新酋長繼任前，要敲鑼打鼓地送新酋長到湖邊齋戒幾天。齋戒時，新酋長要脫光衣服，讓祭司給他渾身上下塗滿金粉，然後赤身裸體戴上各種黃金打造的首飾。新酋長隻身乘坐獨木舟來到湖中心，跳進湖中，把身上的金首飾摘下來，丟在水中，還要把身上的金粉都洗乾淨。相傳新酋長用這種方式來給湖神金子，換取湖神的支持。如果新酋長上岸的時候身上還有殘留的金粉，那麼其地位的合法性就會受到質疑。這裡的酋長也被稱爲「金人」。久而久之，這個湖底堆滿了金器，成了名副其實的黃金湖。黃金湖的傳說也越傳越離奇，成了令西班牙人著

瓜塔維塔湖

迷並尋找上百年的神祕黃金國的淵源。

在哥倫比亞還有一個關於「小金人」的傳說，基本是期待一夜暴富的人所編織出來的幻想。相傳小金人是個死嬰的靈魂，他本質不壞，只是想找一個溫暖的家。夜晚，他經常在道路邊出現，形象是個哭泣的孩子，如果人們經過時不理會他，他會哭得越發厲害，甚至會在地上打滾。如果有人停下來詢問他，小金人會張開嘴，嘴裡發出炫目的金色強光。人受此強光照射，會一瞬間失明，然後昏厥過去，等醒過來的時候已經是次日的清晨了。小金人不傷人，但是他對於那些想發財的人來說是個寶貝。相傳如果用咒語把小金人定住，用盒子小心翼翼地把他裝起來，每天用一種比茴香還小的糧食顆粒餵他，小金人就可以拉出金子，讓他的主人成為富人。小金人每天會喊主人為「爸爸」，如果他覺得「爸爸」對自己不夠好或者照顧得不夠精心，他會憤而打破盒子，一走了之，尋找下一個人來照顧自己。

太陽神和假黃金國

太陽神是印加帝國最為尊崇的神祇，和古埃及一樣，印加王室將自己視為太陽神的後代。相傳很久以前，人們沒有固定居所，沒有對神的敬畏，連衣服都不懂得穿，也不會種地，不會放牧，只能從樹林裡採些野果或者捉活的小動物來吃。太陽神看到他們不成體統，於是派了他的一兒一女來到人間，結爲夫妻，訓導人類。

太陽神把他的一雙兒女送到了的喀喀湖旁邊的一個山洞裡，並且交給他們一根金棒，對他們說：「在你們走過的地方試一試把金棒插進泥土，如果金棒能一下子插進去，那就是我爲你們選定的福地，你們就要止步，在那裡建立城邦，你們會受到人們的愛戴。」據說這根金棒比男人的胳膊稍短，有兩個指頭那麼粗。太陽神的兒女將金棒帶在身邊，從山洞出發，去尋找福地。一路上，他們在吃飯或者睡覺的時候，就把金棒插入泥土裡，最終讓他們的金棒完全陷入的地方是庫斯科河谷。

當金棒完全入土，太陽神之子、第一代印加王曼科（Manco Cápac）對自己的妹妹說：「按照太陽神父親的指示，我們在這裡建城吧。現在我們分別去尋找民眾，對他們講述道理，讓他們歸順太陽神。」曼科向北，他的妹妹向南。一路上，無論遇到什麼人，曼科都向對方宣揚太陽神的偉力，而且教化他們，給他們穿上衣服，教他們良好的生活習慣。蠻人們看到太陽神之子的偉岸身姿，對他所說的話深信不疑，並且相互傳誦，越來越多的人願意追隨他。

而他的妹妹採用了一種簡單的征服方式。她殺了一個人，取出內臟，叼在嘴裡。人們看到她，以爲是食人族來了，紛紛逃之夭夭。這樣，庫斯科輕易地落入她的手中。這個傳說彰顯了印加文化的兩個方面——教化與征服，之後的印加人就是通過這兩種手法開拓出了西半球領土最大的帝國。

印加王曼科下令修建太陽神廟，讓人們在節日期間祭祀太陽神，以感謝他用光芒普照大地。對於第一批追隨自己的人，曼科允許他們戴碩大的耳環，於是這些人的耳垂被墜得很長，和其他人一下子能區別開來，這些人就是日後的印加貴族——長耳者（Orejones）。

儘管印加王來歷神祕，但是這些基本都是後世的傳說，而印加帝國的真正強大，和一名不受寵的印加王子有關。事實上，在西班牙人到來的一百多年前，印加帝國還未完全崛起，安地斯山還是各個部落勢均力敵的時代，錯綜複雜的安地斯神明體系裡有無數掌管自然界的神，這些神有各自的領地，每個部落供奉著自己的神。

印加命運的轉折出現在一位叫帕查庫提的王子身上，他不是父親屬意的繼承人，母系力量也很弱，所以游離在勾心鬥角的權貴之外，但是他是個有抱負的年輕人。他的父親懷拉科查（Viracocha Inca，約1410-1438）是個固執但怕死的男人，他早早就指定了繼承人，好讓野心勃勃的帕查庫提趁早死了心。在一次羌卡人（Chanca）對庫斯科的進攻中，懷拉科查決定放棄庫斯科，帶著繼承人逃到深山中去保存實力。

傳說中的第一代印加王曼科

而帕查庫提決定拿起武器，保衛印加人的聖地庫斯科，他帶領留守的男子與崇拜蛇的羌卡人接連進行了數場血戰，據說連城外的石頭都參加了戰鬥。羌卡人節節敗退，庫斯科保住了，帕查庫提王子贏得了印加男子的崇敬。一心想得到父親認可的帕查庫提把羌卡俘虜帶給父親，讓父親在他們身上擦腳——這是印加人勝利的儀式。但是懷拉科查拒絕了，可能是因為兒子的大獲全勝反襯出他的無能。他高傲地拒絕了兒子的獻禮，說這是屬於下一代印加王的榮耀，要由他指定即位的王子來完成。帕查庫提十分生氣，說他的那個兄弟跟娘兒們一樣，怎麼能完成這麼重要的事情。懷拉科查很生氣，想殺了這個煩人的兒子，而帕查庫提只好決定和父親一戰。

有一個傳說講述了帕查庫提是如何下定決心的，說的是帕查庫提在探望父親的路上，被小溪中發出的一道光吸引，走過去發現溪水中有一塊晶瑩剔透的水晶石，石頭裡居然有一個小人。小人從石頭裡走出來，他的裝扮如同印加的貴族，戴著黃金大耳環，額頭繫著紅色的頭巾，但是他明顯並非人類，他的胳膊上纏繞著吐著蛇信的毒蛇，肩膀和兩腿之間有美洲獅的頭。帕查庫提王子嚇壞了，拔腿想跑，但小人叫住了他，讓他不要害怕，說自己就是造物主維拉科查。他向帕查庫提透露，帕查庫提不僅會成為印加之王，還會是眾國之王，印加的軍隊將征服許多土地，他會保佑印加的軍隊戰勝一切強敵，但作為回報，印加人必須敬奉他為保護神並時常獻祭。維拉科查把藏身的水晶石送給了帕查庫提王子。若干年後，帕查庫提從水晶石裡看到了自己要征服的土地。

得到神佑的帕查庫提下定了決心，推翻了自己的父親，成爲備受爭議的新印加王。在即位儀式上，帕查庫提看到了貴族們不屑的眼神，他們和他一樣，有長長的耳垂。印加貴族的身分不僅體現在華貴的衣飾上，而且從臉上也一望可知，他們的耳垂被沉沉的黃金大耳環墜得很長。這種耳垂是貴族特有的。在一年一度的卡帕克節上，十二到十五歲的印加貴族少年舉行成年禮，他們將接受一系列的考驗，殘酷的考驗後是神聖的穿耳儀式，他們的耳垂將被金針刺穿，然後插入一枚金色的耳環，隨著年齡的增長，越來越多的功勳讓耳環越來越大，越來越沉。帕查庫提明白，統治印加，還要在未來開疆拓土，僅作爲長耳者是不夠的。

和自己的祖先一樣，帕查庫提直接宣布自己是太陽神英蒂的兒子，受到造物主維拉科查的庇佑，代表光照萬物的太陽統治人間。因爲是英蒂的兒子，所以他是人間唯一可以和英蒂溝通的人，也是英蒂在人間的唯一代言人。他在頒布每條法令之時，都要強調自己和太陽神的關係。後來他的如同羅馬人軍隊一樣軍紀嚴明的隊伍征服了許多部落，廢除了不少這些部落的主神的節日，取而代之的是專門紀念太陽神的節日。爲了太陽神祭典，印加人每天都獻上數不清的豚鼠和羊駝。在重要的節日或者勝利慶典也用活人來祭祀，十五歲以下健壯的少年是最理想的祭品。在祭祀的時候，少年們可以先飽餐一頓，喝上一壺美酒，醉倒後被帶到太陽神廟割喉。

這一切都是印加王帕查庫提推動的結果，他締造了印加帝國的中興和強大，但是對他個人而言，他對自己天上的父親英蒂和人間的父親的態度一樣，並不十分認可。一方面他如此公開努力讓人們相信太陽神是無所不能的，另一方面他私下裡卻對自己身邊的人表示，太陽神並不是萬能的，否則怎麼會允許卑賤的烏雲擋住自己的光芒，所以至高的神明依然是維拉科查。

與此同時，在庫斯科，修建太陽神廟的浩大工程在帕查庫提的監督下一刻不停，英蒂的地位得到充分的體現。這座宗教建築稱爲「科里坎查（Coricancha）」，但是大家都叫它「黃金屋」。巨大石塊經過磨合，榫接在一起，上面鑲嵌著密密麻麻的寶石，以至於石頭原本的顏色已經看不出來了，兩個手掌寬的黃金帶環繞整個神廟，門廊和門框鑲嵌上金板。神廟的花園裡沒有活生生的植物，只有維妙維肖的黃金製作的玉米和馬鈴薯，有葉有稈有花有穗，連泥土都是金塊。這些只是陪襯，最主要的是以廟宇爲中心向四周輻射狀修建的六間禮拜室，第一間便屬於太陽神英蒂。這間禮拜室牆壁上全是黃金板，內牆上懸掛的金製日盤，上面鑲嵌代表太陽光芒和火苗的金絲，正好可以被初升的太陽照射到。每天清晨，祭司們懷著敬畏之心看到英蒂禮拜室內發出耀眼奪目的金光。

祭司有男有女，他們享受了印加民眾上繳給神明的稅收，幾千名祭司在太陽神廟工作，大祭

在科里坎查祈禱中的印加祭司

司通常是印加王的親兄弟。祭司們每天要宰殺一頭白色的羊駝獻給太陽神英蒂，一頭棕色的野獸給造物主維拉科查，也順手照顧一下廟中供奉的其他神明。這些神明來自印加王征服的土地，如果這些土地上的人順從印加帝國，那麼他們的神尚可獲得禮遇，如果有一絲造反的苗頭，神像馬上會被拖出神廟，當眾加以鞭笞羞辱。

女祭司數量也不少，住在另一座神廟，她們的選拔和培養從十歲左右開始，只有出身高貴的女孩才有機會獲得這種「選女」的身分。被選中後，她們要跟隨年老的選女學習主持宗教儀式、紡織、印染、釀酒。三年出師後，她們要參加太陽慶典，在那裡印加君主和貴族將從她們中間挑選自己中意的女人留在身邊，而剩下的則打發回去，宣布她們為「太陽貞女」，即嫁給英蒂的女人。這些女孩必須忠於自己的太陽丈夫，如果被人發現與世俗男子有不恰當的情感，就會被活埋。到了獻祭之時，這些女性的命運會更為悲慘，因為照例人祭所用的女性也是從太陽貞女中挑選的。

在西班牙人到來的時候，印加王統治著美洲最龐大的帝國——驚人地跨越三十二個緯度，從亞馬遜雨林到南部的沙漠。印加人把南美洲西部的各個民族結合起來，用龐大的道路網絡和結繩密語來統治這個西半球最大的國度。印加人如此崇拜太陽，他們認為黃金是太陽的汗水，把金色和太陽聯繫在一起。而西班牙人把太陽和大量的黃金聯繫在了一起，於是就有了之後的悲劇。西班牙人認為印加帝國藏有大量的黃金，而印加人無法理解白人對黃澄澄的金屬塊所產生的執念和由此而產生的惡念，在他們看來，黃金不過是一種適合表達太陽神威的金屬而已，而且它足夠柔軟，適合鍛造。印加藏金的名聲也是因印加人自身的乞憐而壯大的。西元一五三二年，印加王阿塔瓦爾帕（Atahualpa, 約1502-1533）聽說有一夥白人抵達了太平洋海岸，探子回報說他們看起來有些狼狽，不像十分強壯的樣子，兩百人的印加軍隊足以殺光他們。這群白人就是以弗朗西斯科·皮薩羅（Francisco Pizarro, 約1478-1541）爲首的來找黃金的西班牙人，皮薩羅就用這點人馬征服了南美最大、被認爲最驍勇善戰的帝國，很多印加人認爲是一種命數。當時印加王阿塔瓦爾帕並沒有下令伏擊西班牙人，而是任由他們帶著武器長驅直入，這是一個歷史的謎團。有印加祭司認爲，雖然印加帝國一直崇拜太陽神，但歷任印加王對太陽神的態度都不夠虔誠，終將遭受滅頂之災。

皮薩羅一路殺來，要求和印加王見面。阿塔瓦爾帕在卡哈瑪卡城（Cajamarca）的營帳中見他。皮薩羅依仗火器，在一場惡戰之後，俘虜了印加王。他要求印加人在兩個月的時間裡用金錠塡滿一間屋子，用銀錠塡滿兩間屋子，高度至少要一人高。爲了救印加王，在接下來的幾個星期裡印加人將數百件金銀器皿帶到卡哈瑪卡。爲了盡快看到黃金國，一夥西班牙人奉皮薩羅之命到了印加都城庫斯科，當他們看到周身被金板覆蓋的太陽神廟以及其他建築的黃金外牆的時候，如同瘋了一般。他們用工具將金板撬起來，晝夜不停地在庫斯科搶掠。除了黃金，他們把不少鑲滿寶石的銀像也裝到自己的褡褳裡。面對野蠻的西班牙人，印加祭司們嚇壞了，他們認爲白人下一步目標就是印加帝國的鎮國之寶羊駝，於是決定將最健壯的羊駝趕到離庫斯科遠一點的地方去，遠離這些貪婪的外國人。祭司們悄悄地把神廟周圍飼養的羊駝趕到了一個祕密的山谷裡。神聖羊駝隊離開庫斯科，印加帝國的光芒也隨之黯淡下來，等待他們的是漫漫的長夜、死亡和鮮血。

印加人如期湊齊了贖金，卻進一步激起了西班牙人的貪欲。金銀日夜冶煉，最終煉出了六噸黃金和十二噸白銀。也有一些珍寶免於爐火冶煉，比如一個四歲小孩一般高的純金神像就被直接帶走，作爲戰利品獻給西班牙國王。印加王阿塔瓦爾帕履行了諾言，也迎來了自己的死期。

據西班牙人記載，印加王阿塔瓦爾帕被帶到卡哈瑪卡城中心的空地上，四周西班牙士兵把守森嚴，他們把他綁在木樁子上，身下堆滿柴火。當行刑人舉起松明火把的時候，一看自己將被燒

THE EXECUTION OF THE INCA.

即將被處決的阿塔瓦爾帕

死，阿塔瓦爾帕十分恐慌。因爲根據印加的宗教，他的屍身如果不進行防腐處理成爲木乃伊，他就不能在死後進入另一個世界復活。於是他問身邊的神父能不能馬上受洗成爲天主教徒，以此避免火噬。於是他受洗了，並被處以絞刑，然後他的頭顱被砍下來示眾。這則故事被後世認爲是西班牙人在抹黑印加王，詆毀他的意志，來瓦解這個以印加王爲精神信仰的國度。印加人都說，印加王是太陽神的兒子，在阿塔瓦爾帕的頭顱被砍下來的一瞬間，天地震動，印加人和太陽的紐帶就此割斷。

失落的黃金國

在征服印加帝國後，一直嘀咕沒有得到想像中那麼多黃金的西班牙人又得到了一個傳說：眞正的黃金國不在印加，而在印加以北的地方。不滿西班牙人入侵的印地安人也樂於講述各種關於黃金國的眞眞假假的傳說，讓他們燃起希望，去尋找也許根本就不存在的地方。幾個世紀以來，幻想中的黃金國讓無數冒險家把命葬送在南美大陸。印地安人總是這麼說，有個極爲富有的民族，生活在叢林中，走對路的話幾天就能到達，或者翻過山就能看到。他們神神祕祕地說起叢林裡的某座神廟，裡面有通往黃金國的入口。也有人說，黃金國其實是個巨大的城市，裡面的房屋廟宇異常軒敞，都是金子做的。

從十六世紀到十九世紀，從哥倫比亞到圭亞那，許多來自歐洲的遠征隊和探險隊幾乎把南美部落翻了一個遍，對黃金的癡夢竟是一直沒有斷過。許多探險家把命搭在了南美，留下遺囑，要自己的後人繼續堅持尋找黃金國，他們每個人也都認爲自己已經很接近了，只差最後一步。但是他們中的大多數人只是在越來越密的森林裡越走越遠，看到了笨拙的巨蟒和在太陽底下把身子曬得暖烘烘的鱷魚。

有人認爲，順著奧利諾科河（Orinoco River）下游一直前行可以進入守護黃金國的山丘地帶，在河裡可以找到一條通往山脈的隱藏通道，但是黃金國的周圍被強悍的食人族所看守，難以到達。也有一個迷路的士兵說自己找到了黃金國，那裡是一座寒冷的高地城市，廟裡都是黃金，生活在那裡的民族會用草編出栩栩如生的動物。西班牙人既是黃金國這一傳說的信奉者，也是傳播者。據考證，南美很多民族的黃金國傳說其實是西班牙人一路尋找時散播的，比如派提提迷城（Paititi）、凱撒之城（Ciudad de los Césares）等等。派提提迷城是個謎團。人們一直在說，在秘魯的東南方有個名爲眾神之母的森林，遮天蔽日的枝蔓之下有座迷失之城，寬闊的花園裡佇立著很多金像。當地人相信，這個城市直到今天還在一直運轉，因爲最後的印加人還住在裡面，他們等待著回到天外的世界，去把過去受損的秩序復位。這個明顯帶有科幻色彩的傳說流傳在玻利維亞、巴西和秘魯三國的交界。派提提迷城的傳說不是印地安古老神話傳說的一部分。事實上，這些迷失之城的說法非常像歐洲人的風格，而且派提提迷城的說法是從十六世紀開始的，與西班牙人瘋狂尋金的年代正吻合。據文獻記載，曾有西班牙冒險家到過一個熱帶叢林之城，城市很大，內有金銀珠寶，裡面生活的人稱此地爲派提提。眾神之母森林裡還不時能發現刻有奇怪彎曲線條的石頭遺跡，不放過蛛絲馬跡的尋寶者對這些線條癡迷解讀，他們瘋狂地認爲這是藏寶圖的一部分，以某種方式相連可以找到進入派提提的入口。另一個版本認爲派提提的入口在巴拉圭河的發源地庫尼庫尼湖裡，由瓜拉尼人七大神獸之一的特由亞瓜（Teyú Yaguá）來守護。特由亞瓜外型半蜥蜴半狗，性子十分凶猛。每個派提提人都佩戴著沉甸甸的黃金飾品，從遠處看他們和金人無異。甚至有猜測說派提提是遠比印加先進的現代文明，派提提人遺留下的設備至今能發射干擾電波，讓直升機不能靠近。岡薩雷斯・皮薩羅（Gonzalo Pizarro, 1510-1548）是弗朗西斯科・皮薩羅的另一個兄弟，他曾帶領四百名士兵、四千名奴隸和兩千條狗去尋找派提提，但是，一年之後，他只剩下八十個殘兵，無功而返。

瓜拉尼人的神獸特由亞瓜

在美洲南部的巴塔哥尼亞荒原上，黃金國有另外一個名字——凱撒之城。西元一五二八年，有個叫弗朗西斯科·凱撒（Francisco César）的船長率隊沿著南美西海岸尋找白銀山——歐洲人對美洲的另一個幻想。上岸後，凱撒和他手下的人抵達了一片水草豐美之地，目之所見有牛羊，當地人以金銀爲佩飾，性格溫和。他們彬彬有禮地接待了突然出現的白人，還在告別的時候送上了禮物。爲了避免和弗朗西斯科·皮薩羅碰面，凱撒帶著他的人翻越了安地斯山，登上了可以看到大海的高峰，穿越了四百年不曾有點滴降雨的世界上最乾燥的沙漠阿塔卡馬。他們一直走了七年，跟隨凱撒的印地安人都已經受洗，所賜聖名都爲凱撒，所以這支隊伍也稱爲凱撒軍。他們最終從彭巴草原南下來到巴塔哥尼亞。據說，他們在巴塔哥尼亞見到了前所未見的金銀財寶和數不清的「秘魯羊（羊駝）」，這裡的印地安人衣飾考究，是有教養的一群人。這便是凱撒之城最初的由來。

在印加王國後，有個又瞎又老的印地安人說，在西班牙人開始屠殺印加人後，很多印加人沿著印加信使行走的小路往南部逃，逃到一個叫鑽石谷的地方，從那裡他們就失蹤了，因爲他們毀掉了道路，避免引來追殺。最終，印加人帶著自己的金器到了一個地方，便是凱撒船長碰到的那個部落。老人說自己年輕的時候有幸在那裡生活了三四年，他記得土壤肥沃，收成不錯，人們可以用金器飲水。但是老人沒有說起他是如何離開那裡的。

隨著時間的推移，凱撒之城這個明顯帶有歐洲特色的名字讓傳說往另一個方向發展，混合成了一個富有歐洲色彩的魔幻印地安故事。在智利傳說中，凱撒之城是在巴塔哥尼亞迷失的西班牙人建立的城池。一群找金子著了魔的西班牙人最終和印地安南方居民結合，他們的後代生活在一座叫作凱撒之城的富庶城市。城中的長者是純種西班牙人，但是他們的後代已經是混血了。這些人在虛無之地建了這麼一座沒有時間的城，城市的街道鋪滿了金磚。這裡的人長生不老，也不需要努力勞作便可獲得溫飽。凱撒之城歡迎所有的外來者，即使誤入也可定居，但是只要離開，便會把去那裡的路線以及那裡的所有事情都忘得乾乾淨淨。這座神祕的城市如同海市蜃樓，在巴塔哥尼亞荒原上飄浮，偶爾可以聽到裡面的歡聲笑語，所以它還有一個名字，叫巴塔哥尼亞的歡樂城。直到這個世界走到了盡頭，前面再也沒有時間了，凱撒之城才會停止移動。這座城是遊蕩在安地斯山麓和巴塔哥尼亞荒原上的西班牙人的幻想，他們亦想停止殺戮，和當地人和平共處，共居一城。

還有一則關於印地安黃金寶藏的故事。相傳年輕的西班牙士兵瓦爾韋德（Valverde）和當地印地安少女相戀，不願再當兵，於是和女孩私奔到現在厄瓜多境內的皮亞羅（Pillaro）的山上安頓下來，過起了小日子。三年後，一支西班牙軍隊途經他們居住的村子，把瓦爾韋德嚇了一跳，他怕被同胞發現自己當了逃兵而難逃一死，決定和妻子回西班牙。為了湊盤纏，他和妻子求助於村子裡的老人。老人告訴他們，西班牙人當年扣印加王阿塔瓦爾帕為人質向全印加王國索求大批金銀為贖金，在厄瓜多駐守的印加將軍魯米納輝（Rumiñahui）十分忠君，他收集了大批財寶準備贖回君主，但是還沒運到，背信棄義的西班牙人就殺掉了阿塔瓦爾帕，他一怒之下將財寶全部收回，藏在了人跡罕至的山裡，半點也不給西班牙人。據說一旦有西班牙人要尋寶，山巒和大地便會一起顫抖，發出恐嚇的怒吼。但是老人經不住瓦爾韋德和他的妻子苦苦哀求，告訴了他藏寶的地點。也有說法認爲，瓦爾韋德娶的是當地酋長的女兒，他丈人爲了讓女兒女婿順利回到西班牙而洩露了藏寶的祕密。

瓦爾韋德去了山裡，三個星期後，他回來了，帶回了大批的財寶，其中最引人注目的是一隻純金打造的張開雙翼的山鷹，眼睛是大顆的綠寶石，翅膀上每一片羽毛都纖毫畢現，栩栩如生。印加人認爲山鷹是太陽神的使者，遊走於人間和太陽神之間，傳遞神諭。村裡的人一見金鷹，便將瓦爾韋德團團圍住，不讓他走，他們要求他把金鷹放回原處，說除非印加帝國重新建立，否則金鷹不可出世。瓦爾韋德只得聽從，將金鷹放回山中。但是貪心的他已經拿了許多金子，一夜暴富的他帶著財寶回到了西班牙，引起了同鄉的側目。那個年代，關於美洲和金子的事情是西班牙街頭巷尾談論不盡的話題，沒過多久，瓦爾韋德在小酒館對老鄉吐露了關於金鷹的事情，消息很快傳開，有人告訴了當時的西班牙國王查理五世（Karl V，即卡洛斯一世Carlos I）。

國王召見了瓦爾韋德，以性命要挾他說出藏寶的地點並繪製成圖，這就是日後著名的瓦爾韋德藏寶圖。儘管西班牙人說得活靈活現，但是印地安人稱並無此人在當地生活過的證據，藏寶一說純屬瓦爾韋德自己編的。

當然有人按照瓦爾韋德藏寶圖去尋找寶藏，但是當地氣候多變，山路崎嶇，沼澤遍布，沒有人成功尋到任何一點金子或者銀子，傳說中的金鷹更是沒有尋到。關於爲印加王湊贖金而藏寶的故事在阿根廷北部也有，這些財寶被羊駝馱進了安地斯山，沒有人再知道它們的蹤跡。據說這批財寶是活的，可以在地下的山中任意移動。在每年十一月的時候，南半球正是夏季，山中有藍色的火焰飄浮，據說用刀子插住藍火，它便不再移動，往下挖就可以挖出財寶。有人曾經眞的插住藍火，但是沒有工具，他回家去拿鐵鍬，但是回到原地卻怎麼也找不到刀子，這個人一下子瘋了，一直在安地斯山裡晃蕩，口中念念有詞。人們見到他，唯有嘆息。

第五章

死是甜夢鄉

她老了，生與死之間的界線也就越來越弱，所以，她最後是一面和死人講著話，傾聽他們的怨言、嘆息和哭聲，一面結束自己的生命。

——馬奎斯《番石榴飄香》

死像雨水一樣降臨

與推崇死亡的北美阿茲提克人（Aztec）相比，南美印地安人對死亡的態度明顯平和很多，他們既不激烈地讚美它，也不表現出過度的悲切。在他們看來，死亡只是生活的一部分。在很多南美的神話中，掌管生和死的神祇往往是同一個，一手生、一手死，在世間這樣循環著。

在遙遠而寒冷的南方，火地島的克瓦伊（Kwányip）就是這樣一個死生之神。在天地萬物剛被創造出來時，太陽神勢力強大，爲了統治人間，白天要比黑夜長很多，黑夜只有一瞬間，一眨眼，又是太陽出來的白天，人們因爲無法擁有可以和愛人親密的私密時刻而感到煩躁。死生神克瓦伊決定改變這一狀況。他和太陽神打了一架，作爲勝利者，他將白天和黑夜對半分，夏天的時候白天長一些，冬天的時候黑夜多一些。

在火地島生活的奧納人（Ona / Selknam）認爲，上古時代的人對生死是可以自由選擇的，人老了以後，如果對老邁的皮囊感到厭倦了，就直接把自己交給夢，一覺醒來，就可重新獲得一具青春的肉體，開始新的一生。要是在周而復始的更新身體循環中厭倦了，也可以選擇徹底死亡，長眠不起。

在秘魯首都利馬附近生活的印地安人認爲，死亡和復活是隨意的事情，一件不合規矩的小事都會導致死亡隨時降臨，比如早上對鄰居做了不禮貌的表情，晚上死神就會突然造訪，帶走這個人。人死掉以後，五天之內，魂魄還會回到身體，他的妻子如果發現了，就忍不住對著屍體嘮叨抱怨，急了還會揍屍體兩下，有的魂魄看到這一幕會很不高興，掉頭就走，永遠不回來，屍體也就成了一具眞正的空殼子。

某些亞馬遜雨林部落裡的人也認爲復活是常事，不過現在行不通了。雨林人認爲很早以前死亡是復活重生的前奏，所以大家興高采烈地輪流赴死，今天你死，明天我死，大家還會按照這個順序復活。薩滿或者通靈者要負責上天堂和神明溝通復活的事情，然後向人間施法，死去的人就可以復活。一次，一個通靈者在天上喊：「變了，變了！」但是他兒子在地上沒有聽清，跟著喊：「完了，完了！」雨林人發現從此魔法在人間失靈了，人類再不能像蛇和蜥蜴一樣重生。

死亡會隨時發生，所以印地安人認爲死神是在人間遊蕩的，他們把死神和那些終日閒逛不做事的年輕人聯繫在一起。玻利維亞的奇帕亞人（Chipaya）認爲死神是個模樣討喜的年輕人，如果誰家籃子裡的肉很快腐壞，大家會說：被貪嘴的死神吃了一口。

死神既然不可怕，那麼就沒有必要去畏懼他，印地安部落的老人都說，死亡不過是一段長長的旅行，在道路的盡頭便是生。印地安傳說中少有煉獄的描寫，相反，人死後去的地方都不錯。生活在加勒比海安地列斯群島（Antilles）上的印地安人相信，死人不會留戀塵世，因爲他們都快活地去了亡靈之家。傳說中的亡靈之家是個世外孤島，距離人類生活的地方很遙遠，遙遠到活人無論如何都無法抵達；同時又很近，近到人一嚥氣，亡靈瞬間就能到達。在亡靈之家，晝夜和人間是相反的，亡靈在白天的時候不可以出來，直到黑夜像墨水一樣潑下來的時候，亡靈才會像猴子一樣爬出來，去吸食象徵死亡的黑色番石榴的汁液。島上還有蝙蝠和貓頭鷹，蝙蝠和亡靈一樣，白天躲在洞裡，晚上出來吸食果汁。樹上的貓頭鷹也是死亡的象徵，因爲牠們空洞的大眼睛宛如死人。死亡不是終結，也不是懲罰，它只是生活轉換成另一種型態的中轉站。亡靈之家是當地人生活的一個投影，安地列斯人生活在群島上，亡靈之家也是四面環海的島嶼，只不過亡靈的世界更爲隨性自由，亡靈們吃番石榴、互相愛撫、隨意做愛，在特殊的日子會舉行慶典，跳起亡靈的舞蹈。這些亡靈也會耍把戲，變成一些別的什麼生物回到人間去戲弄人，想要分辨他們也簡單，他們不管變成什麼動物或者人，都是沒有肚臍的。

在亞馬遜地區，死亡是一隻看不見的鳥，叫盾切（Dunche），爲巫師的惡念所化。雖然沒有人能看到牠，每個將死之人都能感覺到牠在風中盤旋，越來越近。

哥倫比亞的穆斯卡人說，死亡值得尊重，因爲它是被神創造出來的，是宇宙公正的體現。靈魂不停地輪迴，要走沒有盡頭的路，要路過很多叫「出生」和「死亡」的驛站，來標記一段又一段的生命之旅。穆斯卡人認爲靈魂在肉體死後去了地心。死靈經過黃色的土和黑色的土，來到地下，地下有條河，河上有蜘蛛網編製的輕巧小舟等待著他們，他們乘著蛛網小舟抵達地心。那裡有不止一個太陽，還有肥沃的耕地，不需要費力氣就可以得到加倍的收成。人們都說，死後的世界比現在生活的這個更好，所以對死亡沒有畏懼，甚至有一絲渴望。

印地安某些部落把死亡與食色聯繫在一起。爲了幫助死去的親人到達美好的世界，有的部落會採取極端的方式，將屍體吃掉，因爲肉身是阻礙靈魂離開的障礙，當肉體不存，靈魂才眞正得到自由。雨林中的雅諾瑪米人就是這樣，他們認爲吃掉親人才是對親人最大的愛。他們先是燒掉屍體，然後把骨灰用一種草藥混合起來喝掉，在草藥的作用下，他們可以看到死者的靈魂，並且經常和他們聊天說話。生活在秘魯沿海的莫切人也不認爲死亡是痛苦，他們經常把性愛和死亡相提並論。

儘管死亡不可怕，但是說再見的過程也是艱難的，斬斷這一世的牽絆也是一場沒有盡頭的分離。在阿根廷生活的托巴人（Toba）對死去的人的感情很複雜，儘管不捨，但是他們承認，人死後靈魂是喪失理智的，在衝動之下可能帶走活著的親人，所以平安地送走亡者很重要。托巴人的靈魂在心臟跳動停止時離開身體，但是靈魂一直要在生前的土地上徘徊整整三個月，看著自己被下葬。親友在這段時間要避免談論死者或者進行招魂，也不要爲他哭泣，否則靈魂會戀戀不捨，認爲親友捨不得，所以自己理應繼續留在人世。還有一種可能，那就是靈魂不想一個人去未知的地方，可能下手把活著的親友帶走一個。但是，即便如此，親友也不能完全不表示出傷心，要不然，死者會怒火中燒，報復家人。親友只能通過用爐灶裡的炭灰爲死者畫像和讓家中女人剪去長髮來表達悲傷，讓死者和平地離開。

瓜拉尼人死後，親人會將他生前用過的東西盡量搗毀，目的是為了讓他不留戀世間種種。如果靈魂還戀著塵世，或者對什麼東西念念不忘，那就會變成怨靈，危害人間。死亡不可怕，但是怨靈是很嚇人的東西。南美很多部落都有將敵人斬首的習俗，頭被砍下來，靈魂就洩了氣，不能變成怨靈了，也不能投胎到母獸腹中成為復仇的動物。

傳說末代印加王阿塔瓦爾帕被西班牙人殺死後，頭顱被割下來，但他的頭在沒有身體的情況下依然活著，在地下慢慢長出一具新的軀體，待到長成，白人的末日就到了。印加王會重新出山，帶領子民把西班牙人趕走，重建故國和宇宙的秩序。既然死亡不是終點，也就不用害怕了。直到現在，安地斯山區的印地安農民依然保留著存放已故親人頭骨的習俗，他們認為死去的親人已經成為神明，他們的靈魂住在家裡可以保護家中財物不被盜。在幹完一天的農活後，他們點著昏黃的蠟燭來到密室，和死去的親人說話，把一天發生的事情告訴他們。很多人都聲稱可以聽到親人的頭骨和自己對話，沒有聽見的人只是沒有這個天賦。

安地斯人祭

印加帝國是個講究天象和祭祀的國度。在西班牙人登岸前，印加帝國出現地震和彗星，鬧得人心惶惶，印加王瓦伊納（Huayna Cápac, 約1464-1527）召來大祭司，大祭司沉吟片刻，說道：

「我王，只怕那件事情，又要做起來了。」瓦伊納點點頭，他知道祭司指的是安地斯人祭——印加人獨特的祭祀。瓦伊納在不久前平息了一場叛亂，盛怒之下他命令士兵把叛亂部落的所有俘虜殺掉，屍體丟到山裡的一個湖中，湖水被染得通紅，周遭村民都叫它血湖。瓦伊納猜想血湖觸怒了不愛見血的太陽神，但是讓神息怒的唯一方法就是更多的祭祀，但不要流血，於是祭司口中的安地斯人祭又要開始了。每當帝國遭遇天災、戰亂的時候，印加人總要犧牲一批人的性命去換取太陽神的重新垂憐。

怎樣挑選祭品呢？印加人相信「無瑕之子」是獻給太陽神最好的祭品。這種孩子年紀在五歲到十歲之間，渾身上下沒有任何缺陷，皮膚光潔，一點傷疤、胎記甚至是痣都不能有，還要相貌端正，出身高貴。西班牙人曾在闖入印加帝國後武斷地認爲圍繞在庫斯科神廟周圍的羊駝是印加人最珍視的祭品，其實不是，羊駝的心臟的確會在祭祀的時候被使用，但是純潔無瑕的貴族幼童才是奉獻給太陽神最好的祭品。

阿根廷北部的薩爾塔市（Salta）被紅彤彤的安地斯山所圍繞，山頂是終年不化的積雪，在最高峰的山頂上曾經有一座墳墓，已經被挖開，挖掘出三具雪山凍屍，被視爲阿根廷的國寶，存放在山下薩爾塔市的高山博物館（Museum of High Altitude Archeology）裡。這三具雪山凍屍是三個孩子的屍體，七歲左右的男童和女童，還有一個十六歲的女孩。他們的悲劇就是從印加王瓦伊納和大祭司的商議開始的。大祭司向印加王建議開始大規模祭山活動，印加王同意了。於是，一支由祭司、武士和僕人組成的長長的隊伍就從庫斯科出發了，他們在沿途的部落裡挑選有貴族血統的男童和女童作爲「無瑕之子」。爲了不影響繼承，部落酋長們交出了自己的小兒子和小女兒供挑選。祭司挑選了很多這樣的孩子，一路上將他們像肉鴿一樣帶著，按照測算的地點，每到一處高峰，就會在山頂埋下一對孩子和一個小僕人。

薩爾塔附近雪山頂上的三具凍屍就是這樣來的。在死前，孩子們被灌下了烈酒，也服用了致幻的草藥，然後連同金銀珠寶一起被埋了下去，同時被埋的還有一些祭品，比如用織物和草繩做成的祭司人偶。

這三具凍屍在雪山頂上孤孤單單地待了幾百年，因爲溫度極低，屍身不腐，被挖出來的時候還栩栩如生，頭髮編成的長長細細的辮子，好像還會隨著轉頭而飛起來。據後來解剖，這些孩子的膽囊都非常小，現代科學解釋說，這是恐懼所導致的，因爲他們一路上看著同行的孩子不斷被活埋。

按照印加宗教的說法，這些孩子在死的一瞬間永生了，進入了太陽神的國度，身邊還有一個忠誠的僕人在服侍。他們的高貴血統將使躁動的安地斯山平靜下來，印加帝國也可以永固疆土。但是很快，西班牙人便到來了，殺戮和重新統治開始，黑暗在正午時分到來，陰影籠罩了整個安地斯山。

陶罐棺

要不好好保存，要不徹底消滅，這是不少印地安部落對待屍體的兩種極端態度。他們會吃掉死去的敵人的屍體，以此獲得能量。在戰場上，敵人如果是出了名的鬥士，那麼死後他的屍體一定會被吃得連骨頭都不剩。鬥士是有價値的，他活著的時候會不斷積攢能量，死後這些能量都積攢在屍體裡，吃掉便可以獲得他生前的力量，是個快速提升戰鬥力的捷徑。死亡沒有什麼可怕的，它是結束傷痛的過程。瓜拉尼人同樣相信靈魂不死，而死亡只是靈魂拋棄身體的過程。瓜拉尼人每家每戶都有一種很大的陶罐，裡面十分寬敞。這種大陶罐在瓜拉尼人的生活中十分有用，可以烘烤食物，發酵美酒，貯存東西，最終還能變成他們的棺木。老人死後，瓜拉尼男人要背起屍體上山，掛在懸崖邊自然風乾，他們在山下可以遠遠看到縮水的屍體一天比一天小，等屍體徹底風乾了，將其取下來安置在大陶罐中。還有一種方式更爲直接，把屍體放置在陶罐中，擺放成胚胎的樣子，大陶罐的旁邊還要擺上小碗，裡面有糧食和水，讓死人在靈魂還沒離開塵世的頭幾天可以吃，因爲瓜拉尼人認爲剛死的人還有胃口吃東西。

在食物緊缺的部落裡，行動不便的老人會被遺棄在森林中，只給很少的水和食物，他們被告知這樣死去可以靈魂永生。過一段時間，親人去森林裡尋骨，他們把死者的頭砍下來，埋在土裡，把主要的骨頭撿幾根放在籃子裡帶回家，算是對老人的紀念。

印地安人喜歡拿陶罐當棺材，而且因爲他們埋屍體很淺，所以在平原地區經常可以看到這些陶罐的碎片，都是被找陪葬品的盜墓賊挖出來打碎的。這些陶土片當地人都不撿，嫌髒，但是有很多搞收藏的外國人去荒地裡撿。當地人總是對遊客說：「這幾年少了，前幾年滿地都是。」陶罐有長的，有圓的，以暗紅的陶土色爲主，上面繪有一些人像的圖案。比較常見的圖案是一個哭泣的婦人，淚珠誇張地大，這是因爲在一些以窄口陶罐葬人的地區，怕死人僵硬不能塞進陶罐，就把未死的人先放進去，頭留在外面，只待一斷氣，馬上就把頭按進去。很多未死的人在哭泣中被放進陶罐，他們自知已無生機，會把一輩子的傷心事都想起來，哭個不停。

哭女、奶水守護神和寡婦鬼

南美傳說中也有不少鬼故事。哭女（Llorona）是南美印地安人中口耳相傳的著名女鬼。傳說哭女殺害了自己的兩個孩子，卻又極度悔恨，她徒勞地尋找他們，越來越絕望，也越來越憤怒，哭個不停，凡是看到她或者聽到她哭泣的人都感到害怕。

哭女是個穿著白色衣服的高個子女人，她的臉總是低垂著，所以看不到臉，她的腳也看不到，像個黑糊糊的影子，好似飄浮在空中。走夜路的人都很怕她，她會突然出現在半路，嚶嚶地哭著，她的哭聲磨人耳朵，狗聽了都會發瘋。見到她是件不吉利的事，正常人會突然害病，而本來就生病的人病情會加重。如果被她斷斷續續的哭泣所迷惑，停下來詢問她，她就馬上做出楚楚可憐的樣子，讓對方放鬆警惕，但一旦對方靠近想安慰她，她馬上會用冰一樣涼的手臂結束對方的生命。民間傳說在阿根廷哥多華省（Córdoba）的馬克胡安雷斯城（Marcos Juárez），在夜裡經常可以聽到哭女的哭聲，有的人還錄過音。

相傳哭女生前是一個嫉妒心很重的女人，甚至連丈夫和兩個兒子整天待在一起有說有笑都嫉妒，她自感受到冷落，便不想讓孩子再擋在丈夫和自己之間。一天，她趁丈夫出門，將兩個孩子扔到河裡，眼看著他們淹死。丈夫回到家，問孩子去了哪裡，她撒謊說不知道，但是第二天清晨丈夫看到孩子的屍體被沖上岸，憤怒的丈夫在極度痛苦之下殺死了她。殺子女人的靈魂也不爲陰

哭女不為陰間所容

間所容，只得來回飄蕩，尋找孩子的屍骨以贖罪孽。

意外死亡的女人通常被認爲是有魔性的，在阿根廷，有個亡母哺嬰的故事。有個女人住在山區，隨夫姓科雷亞（Correa）。她的丈夫身子弱，但被強徵入伍，她十分擔心，丈夫走了沒多久，她就帶著幼子尋夫。她一個人抱著孩子，走了長長的路，腳都磨破了，走夜路時疲倦的她不幸跌落山崖。她在死前牢牢抱緊了孩子，把他放在自己的胸口。當人們在崖下發現她的屍體時，孩子還活著，依然在媽媽胸口吸奶。人們驚嘆，奉她爲女聖，爲她修了紀念堂，很多人去她那裡祈求豐收。她還成爲一個奶水守護神，奶水不足的女人都去她那裡求奶水。

阿根廷鄉村還流傳著寡婦鬼的故事。一個女人在得知自己丈夫不忠後羞憤而死，她和魔鬼簽了契約，不上天堂不入地獄，專門在人間盯著男人有沒有偷腥。她經常在傍晚出現，肉眼是看不到她的。生活在彭巴草原上的騎手們有經驗，在回家的路上覺得馬屁股突然一沉，就知道寡婦鬼坐了上來，要跟著他，看他有沒有去情人那裡過夜。她不傷人，也不用怕，如果嫌煩，向後面扔一塊當地特產玫瑰石就可以驅走她。

活死人——印加木乃伊

印加文明是南美最發達的印地安文明，印加人有把死去的印加王和貴族製作成木乃伊的傳統。印加人製作木乃伊可以溯源到安地斯山西麓的沿海地區乾燥的伊洛沙漠（Ilo, Peru），埋葬在這裡的人可以形成天然的木乃伊。在十五世紀，大肆擴張的印加帝國將伊洛沙漠木乃伊傳統學了去，但是他們有自己的目的，那就是用死人來控制活人的意志。

印加王在死後會被精心製作成木乃伊，但是從精神上來說，它是活著的死人，有時候木乃伊的權力比活人更大。所以印加人沒有把木乃伊封在棺木裡，存於地下，而是和它們生活在一起，這種做法完全打破了生與死的界線。

擁有八十個不同部族、將近一千萬人口的印加帝國需要用威懾的手段去管理，有種辦法就是讓老百姓相信印加王死後依然活著，並且還擁有權力，因爲他們身上有太陽神的血脈，所以得以永生。這種政治目的讓印加木乃伊身分複雜起來，它們無法向埃及木乃伊那樣安安靜靜地躺在自己的棺木裡，它們要加入熱鬧的人間生活。死去的印加王首先被塗上來自雨林的香料使屍身不腐，臉上抹上黑色的焦油，眼睛的部位貼上金葉子，頭髮編成細細的辮子。每天早上都有侍從來爲它梳理頭髮，戴上王冠，換上禮服，侍從動作必須輕柔。然後，侍者在印加王木乃伊面前擺上豐盛的食物。身旁的侍者要爲它打扇子搧風，其實是爲了避免蟲子落在它身上。在席間，伶人要講笑話助興，顯得一切都和生前一樣。但是印加王的木乃伊身邊還站了一個人，他就是傳話官，木乃伊的喜怒哀樂和對各種事情的看法都要通過他來傳達。有時，傳話官會俯身靠近木乃伊，就像對方在對他說著什麼，然後他要把聽到的話大聲說出來，沒有人懷疑其中的眞僞。比如，王要出行了，王答應和某人會面了。死去的印加王起居飲食都有專門的供奉，首都庫斯科郊外有大片良田屬於這些已經死去的王，還有他生前征服的部落也要繳納歲貢，死去的印加王依然享受最好的財富。

雖然已經死去，但印加王木乃伊的應酬還很多，它們依然要參加晚宴、節日慶典和聚餐。雖然它們只會瞪著空洞的眼睛，不會動，但是印加人相信，適度的社交對它們有益。到了節日慶典，歷代印加王的木乃伊都會被拿到廣場供民眾朝拜，木乃伊面容焦黑，沐浴在太陽的光芒之下，依然威嚴，權力並沒有因爲死去而消滅，身邊的臣子依然借助它發號施令，這也埋下了印加帝國不安定的種子。

爲了死後擁有更好更多的財富，相信自己死後猶生的印加王四處征戰，他們在北上攻打雨林部族的時候就採用了死人控制活人的印加政治學。雨林濕潤，屍體不可能風乾保存爲木乃伊，當地的印地安人在印加人到來之前是將屍骨放在懸崖的洞穴中，在濕熱的空氣中屍體很快腐爛成白骨，雨林人會撿回骨頭放在陶罐裡。這些骨頭是聖骨，具有亡靈的力量。印加人正是在久攻雨林部落不下的時候，盯上了這些骨頭，他們設法盜取了這些聖骨，然後摧毀了它們。在這樣的挫骨揚灰後，雨林人失去了先人的庇佑，軍心大亂，敗下陣來，印加人趁機派出了自己的貴族去統治那裡，並且帶去了木乃伊文化，來顯示印加文明的優越性。於是，雨林的貴族階層也開始流行木乃伊。他們的木乃伊是裝在大包袱裡的，被香料塗抹過的屍體要渾身赤裸，裝在蒲團一樣的泥盤中，盤中放上陪葬品，然後用一塊很大的織物將泥盤和屍體包裹起來，盡量隔絕空氣。哥倫比亞出土了很多這種大包袱一樣的木乃伊。陪葬品中有死者生前使用的箭囊、金冠和一些食物。如果是階層比較高的貴族，他的女人和僕人也要殉葬，在殺死他們前會先把他們灌醉，讓他們死前不那麼痛苦。木乃伊風乾後，會被放置在山洞裡，戴上黃金面具，以祖母綠寶石做成眼睛、鼻子、嘴巴。除了貴族，部族的鬥士也有資格被製作成木乃伊，生前享有勇猛之名的鬥士的木乃伊還會被帶上戰場壓陣，去威懾敵人。只要肉身不滅，他們的勇氣就能傳遞給生者。

木乃伊是死者依然活著的證據，而木乃伊被摧毀意味著徹底死亡，印加人把這個信仰傳遞到帝國的每一個角落。木乃伊和聖地華卡一樣，成爲印加人信仰的支柱。華卡是安地斯各部落的聖地。印加人認爲，毀滅一切的大洪水過後，從安地斯山走出了印加各個部落的始祖夫婦，在主神維拉科查的幫助下選定了自己的繁衍之地，也就是日後部族的起源地。這些地點五花八門：山頂、湖邊、山洞、一棵樹，或者閃電跌落的地方……始祖夫婦想在哪裡繁衍，就選在哪裡，而這些地方就會修建祭壇——稱作華卡，作爲部族的象徵。所以印加帝國的士兵出征時身上會有自己部落的標誌，比如閃電、山鷹、彩虹、山石，象徵自己出身的部落的華卡。華卡是生的榮譽，木乃伊是死的榮譽，所以歸順印加的部族都要將歷代首領的木乃伊帶入號稱「世界的肚臍」的都城庫斯科，這是一種至高的榮耀。這些木乃伊也可以互相拜訪，一起慶祝節日，象徵部族的友好。但是一旦部族反叛，印加王會下令用最殘酷的方式對待他們——摧毀他們的華卡和首領的木乃伊，這是徹底將一個部族解體的手法。

由於歷代印加王的木乃伊依然占有權力，身邊的權臣借助木乃伊之口傳遞指令，對現任的印加王是很大的威脅，所以十二世印加王瓦伊納下令將先前印加王的木乃伊全部下葬在太陽神廟，將權力都收回到自己手中，但是激起的反抗聲浪讓印加帝國內部分裂，元氣大傷，導致了日後的內亂。

在安地斯山社會，人們認爲自己屬於家族，血統十分重要，每個印加王都代表了一個權力家族，他的妻子兒女、僕人和臣子都在他被製成木乃伊之後繼續圍繞在他周圍，爲他講笑話，驅趕蚊蠅。死去的印加王被視爲不死之人，繼續居住在生前的宮殿，他的全部財產也保留，田地繳納的供品也依舊，導致新的印加王要不斷征戰，以獲得新的領地來供養自己。連殖民者皮薩羅在看到印加帝國多年來被木乃伊折磨的奇怪政治生態時都說，庫斯科大部分的財富、人以及惡習都在死人的控制之下。

瓦伊納爲了獲得新的領土，繼續和前任印加王一樣征戰。他北上攻打了現今厄瓜多的一些部落，但是那裡的人不屬於安地斯山文化體系，對印加人那一套十分抗拒。瓦伊納親征的時候還差點被當地土人從轎子裡揪出來，但是在血戰征服了這片土地後，他發現自己十分喜歡這裡炎熱潮濕的氣候，一待就是好多年。瓦伊納穿著鬆軟的吸血蝙蝠的毛做的衣服，喝著果子酒，日子過得很快活，但是他後來不幸染上了瘟疫。這場瘟疫被認爲很有可能是當時已經在加勒比一帶活動的歐洲人帶來的，無藥可醫的瘟疫要了印加王瓦伊納的命，而他在生病後指定的繼承人很快和他得了一樣的病，甚至比他死得還早，於是瓦伊納又指定了一個叫瓦斯卡爾（Huáscar, 1491-1532）的兒子即位，祭司們經過占卜，發現這個王子未來十分不走運，當他們想彙報給瓦伊納的時候，他已經嚥氣了。

瓦伊納被做成了木乃伊，裹上了華麗的袍子，坐著金轎子，被抬回了庫斯科，他和基多（Quito）部落公主所生的兒子阿塔瓦爾帕留在基多沒有回去。在運送木乃伊的路上，四名顧命大臣對占卜的結果憂心忡忡，他們甚至商量如何廢掉霉運王子瓦斯卡爾。

突然成了印加帝國繼承人的瓦斯卡爾對兄弟阿塔瓦爾帕沒有在隨行隊伍裡，以及大部分的印加軍隊依然駐守在基多感到不安，他嗅到了陰謀的味道。在爲父親的木乃伊舉行了盛大的葬禮之後，他逐一召見了顧命大臣，各個擊破，殺死了他們。瓦斯卡爾認爲自己的即位是理所應當的，因爲沒有任何一個王子有比他更爲純正的印加皇族血統，因爲他的母親是父親的親妹妹。但是當年他父母的結合涉及亂倫，所以沒有舉辦婚禮。爲了讓自己的即位更加合理合法，瓦斯卡爾爲母親和父親的木乃伊補辦了婚禮。

阿塔瓦爾帕沒有讓哥哥好過，親自率領軍隊來奪皇位，他倆在安地斯山地區展開了反覆的拉鋸戰，血流成河。最終阿塔瓦爾帕取得了勝利。爲了鞏固成果，阿塔瓦爾帕還處死了父親生前諸多私生子，連同這些私生子一起被殺的有三百多人。他手下的將軍吉斯基斯（Quisquis）還殺掉了和瓦斯卡爾有血緣關係的很多人，包括女人和孩子，以此徹底剷除瓦斯卡爾身後的勢力，而且這位來自厄瓜多的將軍沒忍住，洩了個私憤，把當年征服基多的印加王尤潘基（Túpac Yupanqui, 約1441-1493）的木乃伊從太陽神廟裡拿出來燒了。新印加王阿塔瓦爾帕雖未在庫斯科生活過，卻對印加木乃伊代表的意義十分清楚，爲了終結「死人控制活人」，他把敵對集團的貴族木乃伊付之一炬，當時人們稱之爲「把木乃伊活活燒死」。木乃伊不存在了，依附它們的政治勢力集團也就瓦解了。這場內戰讓印加帝國元氣大傷，西班牙人趕上了這個機會，成爲印加帝國的終結者，他們也是印加木乃伊的終結者。

入侵的西班牙人發現木乃伊控制著貴族和老百姓的頭腦，這些死人簡直就是神一般的存在，於是毫不猶豫地把歷代印加王的木乃伊搗毀了。他們對自己的暴行滿意極了，燒掉幾具古代的屍體，就能讓印加人如同失去魂魄一般，從此失去了心理優勢，淪爲奴役對象。西班牙人和當年擴張的印加人一樣，用死制服了生。他們把另一個死去又復活的男人帶給了印加人，讓他們相信重新有了溝通生死的神明，那個男人就是耶穌。

不少印加人依然相信木乃伊，在西班牙人征服多年後，庫斯科出現了一個神祕的小木乃伊——言夢童（Niño Compadrito）。在庫斯科，很多印地安人都拜言夢童，它是一個五十公分的嬰兒木乃伊，但是卻有牙齒，還有長長的頭髮，它的侍者每天要爲它梳理頭髮，清潔面部，換上鮮豔的衣服面對信眾。從外表上看，言夢童周身用精美鮮豔的絲綢布料包裹著，空眼窩上放著兩塊藍色的水晶，儘管已經乾枯宛如骷髏，依然可以看出生前有著極爲精巧的五官分布。當地天主教的神父對言夢童不以爲然，認爲它是魔鬼一類的異端，他們宣稱，言夢童根本不是人，不過是用猴子做成的木乃伊，是個騙錢的把戲。但是印加人堅信，言夢童是一位歹毒的西班牙總督和仁慈的印加公主所生的兒子，所以他的血一半是善良的，一半是邪惡的。言夢童曾在庫斯科大教堂附近的一所廟宇中被供奉，它的周圍有鮮花、食物、銀幣，還有血淋淋的美洲駝肉。印加人供奉它，求它顯靈，因爲善惡兼備的言夢童可以讓重病者回春，讓敵人死去。當奉上供品後，人們就回家睡覺，在夢中，言夢童會告訴他們該怎樣做。

西元一九七五年，庫斯科地區的主教路易斯．瓦耶霍斯（Luis Vallejos Santoni, 1917-1982）禁止對言夢童的祭拜，他說：「這不過是魔鬼的一個化身。」怕天主教的人毀壞言夢童，印加人連夜將它送到迷失之城馬丘比丘（Machu Picchu）附近藏起來。西元一九八二年，路易斯．瓦耶霍斯遭遇車禍身亡，當地人都說是言夢童顯靈，又極爲鄭重地將它迎回了庫斯科，這一下，連當地白人都開始相信言夢童。

在安地斯山區偏僻的村子裡，印加山民們還保留著和木乃伊一起生活的習慣。在村落小屋的門口設有神龕，打開便是某位祖先的木乃伊，木乃伊因爲失去水分而縮得很小。家人進出都要和它打招呼，呼喚它生前的名字，每天要爲它更換食物，如果下雨，要把它抱回屋裡避雨，沒有人害怕它乾癟的臉和乾枯的手指，因爲木乃伊也是家人，不管生前還是死後。山民會對木乃伊說所有的話，生活的艱辛、情路的不順，或者讓人高興的瑣碎小事，鄰居也會很自然地探望木乃伊。活人和死人一起生活，死人之間互相探望，這在迷霧深鎖的安地斯山是常見的事情。

第六章

沒有男人的女人們

世界上最美麗的女性並不一定就是最吸引人的女性。

——馬奎斯《番石榴飄香》

男人住地上，女人住天上

亞馬遜雨林裡有這樣的傳說：創世之初，男人生活在地上，過著野獸一樣蒙昧的生活，抬起頭，看到的不過是令人窒息的綠油油的樹冠。有一天，男人看到女人順著長長的藤蔓從天上下來尋找食物，他們砍斷了藤蔓，讓她們無法再回去，於是女人只好嫁給男人，人類才得以繁衍。

雨林部落還有個更爲具體的故事，說的是過去地上只有男人，他們在土裡刨食，日子過得很艱難，但是存放在家裡的食物總是丟失，於是他們派一隻伶俐的鸚鵡看家。等男人們都出門打獵捕魚了，鸚鵡看到一群大胸女人活潑潑地順著繩索從天上下來。女人也發現了鸚鵡，狡猾的女人靠近鸚鵡，裝出天眞沒心機的樣子問鸚鵡有沒有妻子，說她們中間可以選出來一個給鸚鵡做妻子。鸚鵡有些激動。女人又說看看鸚鵡的舌頭就知道牠幾歲了，可以找個和牠年紀差不多的女人。於是鸚鵡喜孜孜地張開了嘴，女人把一塊燃燒的熱炭丟了進去，燒壞了鸚鵡的舌頭，這樣牠就無法向男人呼救了，女人又成功地偷走了食物。第二天，男人換了一隻雲雀來看守食物。雲雀比較精明，沒有聽信女人的花言巧語，而且還在女人爬了一半的時候啄斷了繩子。女人們從半空掉了下來，摔到了軟軟的泥裡，都陷進去了。男人們聞聲趕來，從泥裡把女人挖出來，帶回家做老婆。有的男人挖到了兩三個，有的男人挖到一個，於是有的男人就有兩三個老婆，而有的男人只有一個。

巴西雨林生活的梅納庫人（Mehinaku）也是說男人和女人一開始的時候沒有生活在一起，而是分別住在不同的村莊。女人聰明，懂生活，所以她們有漂亮的房子，戴著五顏六色的羽毛做成的頭冠，身上還有彎曲迷人的花朵體繪；而男人們卻生活在蠻荒的地方，衣不蔽體，連避雨的房子都沒有。女人們有一支魔笛，可以吹奏出極美的音色，比一百隻鳥唱歌還好聽，所以女人可以聚在一起快樂地跟著音樂唱歌跳舞。而男人們聽到笛聲和女人們的歡笑聲很不高興，覺得自己的悲慘生活是魔笛造成的，於是他們做了一個聲音粗礪的牛笛來對抗女人的魔笛。牛笛的聲音激發出了男人的粗蠻，他們吹著牛笛闖進了女人的村落。女人嚇壞了，還沒來得及抵抗就被男人制服了，她們所有的好東西也歸了男人，包括她們自己。男人神氣活現地宣稱，女人不許再演奏魔笛，魔笛只歸男人所有。從那時起，女人開始聽命於男人。女人的地位也越來越低，梅納庫部落有個習俗，女人的月事被認爲是十分不潔的，影響農作物收成，褻瀆家中的神靈，所以女人在月事的時候要搬出家，去村裡的空屋子住到月事結束。但從另一個角度看，這些女人也可以在這個時間休息一下，不用幹農活，對她們來說也是一種保護。

南美灌木平原生活的查馬科科人的傳說中，查馬科科的男人爲了讓女人服從自己，在宗教儀式上以面具遮臉，假扮神明。這是男人之間的祕密。直到有一天，一個小男孩告訴了自己的母親，其實面具下不是神，是男人。這個母親告訴了其他女人。男人看到事情敗露，決定殺死所有的女人。只有一個女人變成小鹿逃脫了。在殺死所有的女人之後，男人感到後悔，因爲沒有女人幹農活了。當他們發現世界上還有最後一個女人的時候，感到非常高興。他們把她趕到小樹林，開始興奮地攻擊她，但是他們力氣太大，把女人撕成了碎片。於是懊悔的男人每人拿了一片碎肉回家，種在地裡，如果碎肉是肚子上的，就長出胖胖的女人，如果是手指頭上的，就長出了瘦長的女人。

印地安很多部落的文化中，男女的關係是混亂的、粗暴的、難以理解的。在倫瓜族的風俗中，女孩要經過某種儀式才能成爲女人，成爲女人之前她們必須要見識到男人是多麼暴躁的一種生物。在女孩們的成人禮上，年輕的男孩戴著面具，頭上插著羽毛，拿著打擊樂器，朝著女孩子們狂野地喊叫著，據說這象徵神的毀滅力量；而就在女孩們膽戰心驚之時，儀式中會出現成年女性——代表寧靜的力量，將男孩子們趕走，保護女孩。

但女人並非是完全被動的，在一些部落慶典上，印地安男人女人會在一起飲酒交歡。在滿月夜到來之前，會釀酒的女人提前將果酒準備好，她們事實上掌控狂歡的鑰匙，在月光白晃晃閃得人眼發花的夜晚，她們跳到男人身上，把酒從他們頭頂澆下去，強行灌入他們的嘴巴。男人則抱著女人進入室內，在那裡他們有一場類似枕頭大戰的遊戲，互相投擲土塊和樹葉，然後喝酒、交歡，抱在一起昏昏睡去。

印地安男人覺得女人很神祕，所以有個傳說，講的是美麗的壞女人住在天上，她們是星星仙女。據說巴西有個部落的一個小伙子抬頭看天，被一顆星星迷住了，他想：「如果能得到這顆星星該多好，這麼漂亮，我可以隨身帶著它，每天都能看到它。」一天，他夢到了那顆星星，像美麗的眼睛一樣。等他睜眼，看到一個明眸姑娘站在床頭。姑娘說，自己就是那顆星星，她願意跟著小伙子，哪怕白天被裝進壺裡也願意。小伙子白天就用壺裝著這個星星姑娘，他經常打開蓋子往裡看，每次都能看到姑娘大大的眼睛眞如星辰般耀眼。到了晚上，姑娘就從壺裡現身，出來陪小伙子過夜，小伙子怎麼也看不夠她的美貌。一天夜裡，姑娘慫恿小伙子爬上一棵高高的樹，順著樹，小伙子到了姑娘口中說的天堂。小伙子沒想到還有這種奇遇，又驚又喜。他們來到天堂中間一塊空地，姑娘說待會兒有其他仙女來跳舞，她先去拿點吃的，讓小伙子原地等待。小伙子一個人等得很無聊，忽然聽到樂聲，他循聲而去，不看則已，一看魂都嚇掉了。只見一群沒有完全腐爛乾淨的骷髏在跳舞，爛肉搖搖欲墜，隨著擺動，一塊一塊掉在地上。小伙子嚇得拔腿就跑。星星仙女發現小伙子跑了，在後面緊追，一邊追一邊用柔美的聲音叫他不要怕，快點回來。小伙子頭也不回，一直跑到來時的樹旁，順著樹下來。等他趕回人間的時候，還能聽到星星仙女越來越焦急的呼喚。他一直跑回村裡，鄰居問他爲什麼這樣害怕，他指著自己的鼻子，一句話也說不出來，倒在地上就死了。

還有個傳說，說的是一個年輕的農夫去天上尋找自己妻子的故事。從前，有一對老夫婦，他們有個兒子，一家三口以種植馬鈴薯維生。他們家的馬鈴薯長得特別好，但是不知從什麼時候開始，每到晚上，他們的馬鈴薯都會被神祕人偷走。老夫婦責令兒子晚上不要睡，一定要把賊抓住。第一天晚上，小伙子一直睜著眼，在天快亮的時候稍微闔了一下眼，馬鈴薯就被偷了。第二天，又是如此，小伙子恨得咬牙切齒，心想：「這是什麼賊，怎麼手這麼快！」第三天，他眼睛連眨都不眨一下，就等著抓賊。忽然從夜空中降下幾個仙女，又靈巧又漂亮。小伙子看呆了，沒想到賊是這麼美麗的仙女，他忽然心念一動，想抓住一個當老婆，於是他猛衝過去，生生抱住了距離他最近的仙女。仙女嚇壞了，被他抱住，動彈不了，只得給他當了老婆。小伙子發現仙女的衣服閃閃發亮，不知是什麼寶物，就把仙女的衣服剝下來，給她換上農婦的衣衫，自己把衣服收起來。偷馬鈴薯的仙女和小伙子開始過日子，侍奉公婆，生活過得倒也平靜。仙女懷孕了，生下了一個死嬰。她神思鬱結，一天趁丈夫下地幹活，偷回了寶衣穿上，飛回了天上。

妻子離開後，小伙子十分想念她。一天，他悲傷地四處遊蕩，在高山上遇到一隻神鷹，神鷹願意幫助他上天找妻子，但是他得帶上兩隻大羊駝讓牠路上吃。小伙子答應了，如約帶去了兩隻大羊駝。神鷹先是吃了一隻羊駝，吃得一點皮肉都不剩，然後牠讓小伙子帶著剩下的羊駝，爬到自己背上去。在飛之前，神鷹對小伙子說：「我要吃肉的時候，你就馬上割一塊給我，否則，不管我飛到了哪裡，都會把你扔下去。」小伙子答應了，一路上餵食神鷹。但是快到天上的時候，羊駝的肉吃完了，小伙子咬牙割下了自己腿上的肉給神鷹，讓牠一直飛到了仙女住的地方。小伙子遇到了妻子，妻子看到他，沒有什麼高興的樣子，原來天上的食物也很緊缺，所以仙女們才要到人間去偷馬鈴薯。仙女把小伙子藏在天上的一所小房子裡，白天給他送食物，晚上和他過日子，就這樣過了一年。不知爲什麼，小伙子在一年的時間裡老得特別快，來的時候還是年輕人，只過了一年就兩鬢斑白。一天，仙女突然對他說：「你該走了。」說完頭都不回地離開了。知道自己再次被拋棄，小伙子哭了，他回到了神鷹身邊。神鷹也老了，羽毛都白了。神鷹說，他倆應該去神湖裡洗個澡。果然，洗完之後，神鷹和小伙子都變回了年輕的樣子，神采奕奕。小伙子從天上抓了兩隻羊駝，放在神鷹背上，乘著神鷹回家了。小伙子回到人間後沒有再娶妻，父母也沒有說什麼，仙女們也沒有再來偷糧食。

沒有男人的女人們

(一) 亞馬遜女戰士

希臘神話中有女戰神亞馬遜的故事，所以當西班牙人在南美聽說在叢林深處有女戰士部落的時候，便認爲她們是女戰神亞馬遜的後代。

亞馬遜女戰士第一次被歐洲人提起是在一四九三年，哥倫布的第一次航海日記中寫道：「茫茫海中有一孤島，裡面全是女人，沒有一個男人，每年男人們乘小舟到島上和女人們交媾，如誕下男嬰，由男人帶回岸上，如是女嬰便留在島上。」哥倫布說的這個女人島從未被發現過，但是探險家們發現了另外的女人部落。她們聲稱在雨林裡遭受了女戰士的攻擊，這些女人身材高眺，皮膚白皙，長髮編成辮子盤在頭頂，壯實得如同小伙子，全身赤裸，唯有私處用一塊皮子遮住，她們的眼睛裡滿是警惕，而且她們還毫不留情地射死了一名船員。這十幾個女人宛如希臘神話中的亞馬遜女戰士，所以這條大河被命名爲亞馬遜河。

在十六世紀後期，德國人烏爾里克·施梅德爾（Ulrich Schmidl, 1510-1579）從如今的巴拉圭首都亞松森出發向北航行，尋找傳說中的亞馬遜國，他聽信了印地安人講述的故事，認爲黃金國和亞馬遜女戰士的國度是同個地方。有印地安人說，盛產黃金的國度就是亞馬遜女戰士的家園，這些強悍的女人每年只允許男人進入三到四次，可憐的男人們在進去的時候還是年輕的模樣，出來的時候則臉色晦暗白髮叢生。亞馬遜女人受孕後，如果生的是男孩便送出去和父親一起生活，若是女孩就留在身邊撫養長大，而且女戰士會把孩子的右胸燒掉，避免影響將來彎弓射箭，因爲她們注定是女戰士，終其一生要戰鬥。當女孩稍微大一點，就由媽媽姨媽教她射箭打仗，在叢林中如猿猴般靈巧。英國航海家威勒·羅利（Sir Walter Raleigh, 約1552-1618）也說在奧利諾科河和亞馬遜河流域有不少女性部落，這些部落的女人在每年四月的時候和男人相會一次。女性部落的女酋長讓附近部落的男性酋長聚集在一起，自己從中挑選男人，等女酋長挑選完了，她們的侍女再用抽選的方式從剩下的男人中挑選自己的伴侶。她們和男人一起飲酒、唱歌、跳舞，度過狂亂但美好的一個月。過完這一個月，再各自回到領地。如果有人敢侵犯女戰士的領地，被俘後會被毫不留情地殺死，不管是否有過肌膚之親。也有人說，入侵亞馬遜女戰士部落的人也是爲了得到她們的藏金，因爲她們在部落裡存放著很多金板和綠寶石。關於這些沒有男人的女人們是怎麼來的，有很多傳說，其中一個河岸部落的傳說講得很有意思。

傳說有個村子，一條黑色的大河從村旁緩緩流過。女人們在一個悶熱的天氣結伴去河裡洗澡，有一隻黑色的大鱷魚游了過來。女人們開始很害怕，但是她們發現這隻鱷魚很溫順，也沒有傷害她們的意思，於是她們一個一個躺下來，和鱷魚做愛。有一天男人發現了這件事。鱷魚睡了村裡女人這件事讓男人們很惱怒，他們決定殺了牠。一個男人用假嗓學女人的聲音騙鱷魚出來，鱷魚一露出水面，就被男人用木棒迎頭痛擊，就這樣殺死了牠。男人把鱷魚拖出水，割了牠的肉，還生了火烤著吃。女人們不知道發生了什麼，依然帶了肉餅到河邊呼喚自己的鱷魚情人，

亞馬遜女戰士的傳說廣泛見於大航海時代

但是鱷魚沒有出現。一個女人發現了岸邊的燒烤痕跡和殘餘的鱷魚肉，她們一下子明白發生了什麼。痛失情人的女人們揮舞著木棒向村裡的男人衝去，見一個殺一個。很快，村子裡沒有男人了，女人便結伴到山裡，與周圍村落的人也漸漸疏遠，逐漸形成了一個獨立的女人部落。她們不和男人結婚，只是爲了生育才和強壯的男人發生關係，如果生了男嬰就殺死，女嬰就留在部落撫養。

也有學者提出大膽的假設，這類孤離的女性部落很有可能是印地安女同性戀者組成的，她們憎惡男人和曾經傷害過她們的外部世界，所以創造了屬於自己的部落和獨特的社會環境。

（二）惡女的故事

除了女戰士，女人在南美傳說中的形象很多都是凶殘而孤單的。在巴西民間經常會提到一位「飢餓的老婦人」，她會騙小孩跳到她的鍋裡去，把他們煮著吃掉。在哥倫比亞，據說有一種美貌怪異的女魔，從外表看是個美女，長頭髮、深眼窩、身材高眺。她總是咧著一張大嘴，看起來是在發笑，但是這種幾乎固定在臉上的表情讓她顯得有些可怖。她的特點是牙特別大，可以和牛馬的槽牙相比。她習慣在黃昏出沒，站在鄉間小路上誘惑過往的男子。她會咧著嘴和男人調笑，在男人不知所措的時候趁機抱住他們。她的腋下也長滿了牙齒，可以咬住男人，把他們的肩膀咬碎，最終吃掉他們。

智利南部大海的奇洛埃群島上也流傳著「惡女（Condená）」的傳說。惡女是個四、五十歲的女人，年輕的時候很漂亮，家境也好，但是她不節制地揮霍錢財，染上各種惡習，相由心生，她漸漸地成了一個容貌醜陋的女人。只要看到她的人，都會喚起心中的惡念，去做壞事，所以人們稱她爲惡女。正常的人類男子不願意和惡女在一起，但是惡會吸引惡，惡女最終嫁給了森林裡專幹壞事的毒矮人（Trauco）。毒矮人是森林裡矮小的惡魔，樣貌十分醜陋。據見過他的人說，他只有八十公分高，四肢不全，但他的法術可以控制森林裡的參天大樹，他隨便在樹幹上拍三下就可以讓樹倒下。人們清晨來到森林，有時會看到不少大樹一夜之間無故倒下，便說是毒矮人又施法術了。最令人厭惡的是毒矮人性淫，會以幻術迷惑進入森林的婦女，迷姦她們，完事後就把赤條條的女人扔在路邊。他和惡女發生關係後，惡女生下了法力高強、邪惡加倍的矮惡女（Fiura）。她比父親還矮，有一頭亂七八糟的黑髮，五官扭曲。她的四肢和父親一樣幼細，但是可以用法術變長，去抓遠處的東西。她用森林裡骯髒的東西來炮製瘟疫，禍亂村落。她是村民的公敵，他們想方設法抓捕她，但是每次都被她逃掉，也有迷

矮惡女

信的村民說瘟疫的解藥就是矮惡女的指甲。

（三）水仙女（Iara)

巴西傳說中的水仙女名字很美，模樣也美，但卻是一種極爲可怕的仙女。她生活在水中，和水鬼類似。每當清晨的薄霧升起，她便把頭浮出水面，開始唱歌，長髮隨著水波蕩來蕩去。她的歌聲攝人心魄，路人被歌聲所惑，不知不覺走入水中。看著獵物上鉤後，水仙女會嫣然一笑，用細細長長的手臂將他們拖到水底。她吃的不是人肉，而是人的神智，所以被水仙女抓住的人過幾天會出現在岸上，但是已經是一具沒有意識的軀殼了。於是當地人不敢在夜裡過河，生怕陷入這種生不如死的境地。當太陽出來，水仙女就沉入水中，她畏懼陽光。

水仙女的心完全冷透了

說起水仙女的來歷，也是個悲慘的故事。她生前完全是另一種樣子的女人，相貌並不美麗嬌豔，也沒有細長蒼白的手臂。她是部落裡最好的女戰士，身子結實，可以和男人比力氣，在歷次戰鬥中都是引人注目的英雄。每次獲勝，她都在部落裡大搖大擺地炫耀自己的戰功。她贏得了部落裡大多數人的喜愛，但是她的幾個親兄弟卻對她的勇猛十分嫉妒。有一天，他們下了狠心，趁她睡著了，用一張不透氣的毯子死死蒙住她的腦袋，想悶死她。但是她醒來後奮起反抗，一把掀起蒙在腦袋上的毯子。看到凶手的模樣，她呆住了，沒想到是親兄弟要取自己的性命。女孩大吼一聲，拿起了武器，失控的她如臨戰場，把這些兄弟一古腦全殺死了。面對親人的死和背叛的痛苦，女孩難以自持，她像野獸一樣呼號著，跑到了森林裡。

但這並不是故事的結束。等族人找到她的時候，出於對她的力量和復仇信念的恐懼，他們依然決定撲殺她。他們殺死了這個戰功累累的女孩，拋屍河裡。河裡黑色的長著細細牙齒的魚兒很快把她的屍體吃個精光，只餘一具白骨。她死在一個滿月的夜裡。滿月具有神奇的力量，水中的骨骼在怨念中長出了新的皮肉，她復生了。和她生前孔武有力的樣子不同，她變得冰肌玉骨，美麗動人，看到她的人都認爲是水中聖潔的仙女；但是她的心完全冷透了，對人類一絲感情也沒有，只想殺人。

（四）獨腿山女（Patasola）

南美中部好幾個國家到現在都流傳著獨腿山女的傳說。獨腿山女是個死後化作厲鬼的女人，但是並不可怕。白天，村民進山砍柴，即使碰到獨腿山女，也不會大驚小怪，彷彿她一直就長在林子裡似的。獨腿山女生前和人通姦，丈夫發現姦情後一怒之下殺死了姦夫，又把她的一條腿砍了下來，她拚命跑，想逃命，終因失血過多而死。她在死前一邊跑一邊哀號，聲音一會兒遠，一會兒近，村民都在家裡聽到了，但是大家都覺得她不光彩，所以不去救她。女人死後成了鬼，樣子也變了，她的眼睛因爲死前的驚恐而變大，嘴巴也因爲死前呼號而張得很大。她成了獵人的保護神，據說她可以保護獵人不被野獸攻擊。除了獵人，她對礦工和守林人也不錯。有時候她會惡作劇，把他們弄迷路，或者偷他們的斧頭，因爲閃閃發亮的斧頭會讓她想起腿被砍斷那一瞬間的痛苦，所以男人們進山丟了斧頭，回家都會說是被獨腿

喜歡唱歌的獨腿山女

山女拿走了。太陽下山、月亮升起的黃昏，從森林裡回家的男人可以看到穿著碧綠衣服的獨腿山女坐在樹梢上唱歌，看到月亮越升越高，她就歡喜得和小孩子一樣。她生前長得美，所以成了鬼也很注重打扮，她用綠色的大葉子做成蔽體的裙子，還戴著一頂圓形葉子做成的帽子，不想讓別人看的時候，就低下頭，把臉埋在帽子裡。因爲生得有風情，她也忍不住要撩撥過路的男人，但男人要是動了心，她又會很討厭他。覬覦她的美色的流浪漢說著胡話想要上樹找她，就會發現腳像長在地上一樣動不了，或者直接暈倒，醒來的時候發現自己被捆在樹上。

獨腿山女不是厲鬼，但也有特殊的時候。沒有月亮的夜晚，她就無法化成人形，成了眼睛閃著火焰的幻獸，長著老虎一樣的獠牙，能把最硬的骨頭都咬碎。這時候，如果有人走在密林裡，會聽到女人呼救，如果循聲而去，就會成爲她的獵物。她會用獠牙一下子結束此人的性命，用他的鮮血來安慰自己。當陰天的時候，到了傍晚也看不到月亮，她就變成黃色的蝴蝶在孩子面前飛來飛去，誘惑孩子進入森林，好吸他們的血。她在殺害一個生靈的時候就會高歌：「我是獨腿山女，森林便是我閨房，我上山下河，飛入雲端，美人魚和我比也不過是條潛水的傻魚。」

（五）蛇女

在印地安的傳說中，蛇女的故事起源較晚，是在西班牙人到來後才有的。蛇女的故事體現了女人之間的互相幫助，風格充滿了現代色彩。相傳，庫斯科郊區有個單身的印地安女人，沒有丈夫，更沒有孩子，她一個人住，生活很平靜。有一天，她在花園裡看到一條蛇，嚇得跳起來，向後退了幾步。但是蛇沒有攻擊她，只是用水氣濛濛的眼睛看著她，十分專注。女人覺得很奇怪，心想：「眞是條奇怪的蛇。」不一會兒，蛇游動走了，她還鬆了一口氣。但是第二天，她發現自己肚子大了起來，好像是有了身孕。整整一天，女人不敢出門，晚上很晚不能入睡，不知自己是中了什麼邪。她口中喃喃自語，祈求主神維拉科查的保佑。在呼喚過維拉科查的名字後，女人安心了一些，迷迷糊糊睡著了。但一睡著，她馬上跌入到了夢境，這個夢很眞實，在夢裡，花園裡的蛇嘶嘶地對她講：「你肚子裡的孩子是我的。」女人一下子就醒了。只過了幾個月，女人就誕下了一對雙胞胎女嬰，但是她驚駭地發現，兩個孩子中一個是人，另一個是蛇。可憐的女人非常傷心，自己果然還是誕下了怪胎。雙胞胎裡，女人不愛蛇形的女兒，終日抱著人形的女兒，把蛇女丟在一邊，於是蛇女像蛇那樣嘟嘟囔囔地說：「我沒法像姊姊一樣在人的屋子裡長大，把我丟到花園裡吧，就在你第一次碰到蛇的地方。」畢竟是自己生下的女兒，女人聽了，有點難過，但還是答應了蛇女的請求。第二天清晨，女人把蛇女放在花園裡，怕她餓，還給了她一些玉米，蛇女沒有吃，很快就爬走了。

女人把人形女兒養大，女兒長得很漂亮，心氣高，她長大後很多庫斯科的印地安小伙子向她求愛，她都無動於衷。但是一個來自異鄉的白人對她表達愛慕的時候，她卻毫不猶豫地答應了。有人勸姑娘在見過對方父母和家庭後再做決定，但是被愛情沖昏頭腦的姑娘根本不理會這種良言相勸。婚後不久，丈夫要回家鄉去看望父母，他說：「我得告訴二老咱倆結婚了，然後我回來接你，咱們再一起回我家，我不能讓你一個人獨自上路。」看丈夫這樣爲自己考慮，姑娘很高興，目送丈夫出了門，直到他的身影消失在地平線。正準備回家，她忽然聽到一陣嘶嘶的聲音，腳有點癢，低頭一看，一條漂亮的蛇正舔著她的赤足。她嚇了一跳，還沒來得及叫出聲，蛇就說：「你的丈夫會帶著一匹良駒回來，但是你別騎馬，你要騎頭小驢，當你想騎驢的時候，你會看到一頭套好的驢。然後，你身上要帶著棉線、梳子、皀莢、羊毛和剪刀。千萬不要把這些告訴你丈夫。」姑娘還不知道面前的蛇就是自己的妹妹，但是她對這條會說話的蛇很信任。幾天後，丈夫回來了，果然帶了匹精神的馬，說是專門爲她準備的，騎好馬旅途不勞累，姑娘推託說：「不行，我可騎不了這麼高的畜生，我還是騎驢吧。」果然，話音剛落，一頭套好的小驢就出現了。姑娘偷偷帶上了蛇女讓她帶的所有東西。走了大半天，他們路過一個莊園，丈夫建議進去休息一下，吃點東西。姑娘同意了，她進門的時候突然心生疑慮，多看了一眼，這一看不要緊，她渾身的血像冰凍住一樣。莊園大門上的木紋竟是好多雙痛苦的眼睛組成的，這些眼睛看著她，示意她裡面有危險，不要進去。姑娘來不及多想，騎上自己的驢一溜煙就往外跑。丈夫騎著高頭大馬在後面追，馬畢竟比驢快，姑娘已經感覺到馬鼻子裡噴出的熱氣就在自己後背上。她回頭看了一眼，丈夫的臉已經變了模樣，原來他是魔鬼變成的。想起蛇女讓自己帶的東西，她拿出了棉線，一絲一絲的棉線化作大霧，一切都變得模糊不清；她又拿出了皀莢和梳子，皀莢和梳子變成烏雲和大雨，像梳子一樣密的大雨落下，姑娘暫時安全了。她按照原路回家，但是魔鬼也知道她的家在哪裡。絕望之下，她拿出了羊毛，羊毛變成了密密麻麻的樹林，讓魔鬼和他的馬進不來，也找不到她的蹤跡。姑娘騎著驢，小驢跑得飛快，很快就到了家門口。姑娘下了驢，正要進門，忽聽小驢在求救，原來魔鬼一直跟著她到了家門口，他掐住了小驢的脖子。姑娘最後拿出了剪刀，剪刀從她手上飛了出去，變成了綠色的十字架，立在姑娘和魔鬼之間。魔鬼痛苦地嚎叫著，跑掉了。小驢也恢復了原形，原來她就是蛇女。蛇女看著自己的姊姊，說：「記著，不要和陌生人結婚，要找知根知底的人啊。」然後就消失在青草中。

在印地安傳統的神話中，蛇代表了一種雌性的強大力量，是一種練達的智慧。蛇女的故事中，蛇女也是聰明獨立的，而且阻止了姊姊和白人的結合。這類故事在西班牙人占領南美初期很受歡迎。

變成植物的女人們

（一）馬鈴薯的故事

南美雖然土地豐饒，但是除了少數發達文明如印加文明外，農業發展程度不高，所以食物的起源是傳說的重要內容，而食物和女人有密不可分的關係。

印地安舒爾人認為，種植農作物、侍弄果樹、燒製陶器這些技能在最初的時候只有女人才掌握，而且只在女人之間傳授，女人是大地的主人，一切都在女人的掌握之下，因為女人是被主神努奎神（Nunkui）眷顧的，所以她們很容易就可以獲得肥沃的土地、珍貴的獵物以及人們的尊重，但是創造力的獲取難了一些，女人必須給神唱很多歌才能換取，算是神額外的禮物。

在舒爾人的神話裡，努奎神沒什麼架子，只是個有點法力的女人罷了。有個故事講述了馬鈴薯這種作物是怎麼被人類獲得的。傳說某個村子裡有個能幹的女人，她去河邊打水的時候看到另一個女人在洗一種圓滾滾的泥土色的果實，於是她上前去討要，對方說：「我就是努奎神，我掌管著地底下所有的馬鈴薯和甘藷。你如果想要，就照顧好我的小女兒，每天向她要馬鈴薯，便會得到；如果你對我女兒不好，你所獲得的也會被我收回去。」女人把努奎神的小女兒領回家，每天讓她變出馬鈴薯裝滿自家的籃子。一天，女人出門了，讓小女孩和自己的兒子們玩耍。男孩們起鬨要小女孩變出動物，小女孩變出來了，不過都是些沒有腦袋的死獸。男孩們火大了，以為她敷衍他們，就開始動手打她，把灰撒在她眼睛裡。小女孩一邊哭一邊順著柱子爬到屋梁上。大地隨著她的哭聲開始抖動，就像地震一樣。小女孩最後鑽進了屋梁上存放的一根甘蔗裡。在田裡幹活的女人感到地震了，怕家裡出事，趕緊跑回家。回了家，看到發生的一切，她想把努奎神的女兒從甘蔗裡弄出來。可是不管她怎麼說，小女孩就是不出來。她情急之下砍斷了甘蔗，只掉出來三塊帶血的石頭，小女孩不見了。努奎神大怒，認爲女人違背了誓言，便收回了她可以不費勁獲得馬鈴薯的福利。從此，人們必須很艱苦地勞作才能得到這種根莖類作物的收成。

（二）孔乃斯奶奶（Koonex）

在巴塔哥尼亞高原上，人和鳥在冬天的時候因爲食物短缺都要向北遷徙，有個村子裡住著個叫孔乃斯的老薩滿，她已經老得無法長途奔波了，家裡人用野生原駝的皮給她做了頂帳篷，留了些生活用品和食物，就離去了。不出意外的話，明年開春回來，孔乃斯奶奶就安詳地離去了，到時候再爲她舉行葬禮。村裡的人走後，奶奶一個人孤孤單單的，也不想吃東西，她決定睡覺。在夢裡，她夢到了在冬天家鄉也有吃有喝，她不必被扔下，她依然是人人尊敬的薩滿。

到了來年春天，一些鳥從北方先回來了，飛過孔乃斯奶奶住的帳篷的時候，牠們彷彿聽到了她在責怪牠們以及所有人棄自己而去，她說她會想辦法讓人和動物不用再這樣搬來搬去。忽然，原駝皮帳篷像長了翅膀一樣飛起來。空中的鳥兒們驚訝地發現，帳篷下面沒有老奶奶，而是一朵帶刺的黃色大花，花兒一下子謝了，結出了果實，掉在了地上，長出了一種耐寒的灌木，結出來的果子非常好吃，而且在冬天也會一直有。有了這種果子，人和動物可以不必再去北方過冬尋找食物。這種果子就是卡拉法特（Calafate，一種外型類似藍莓的莓果類），後來也成了一個小城鎮的名字（El Calafate）。這個城鎮如今每年接待大量來看阿根廷莫雷諾大冰河（Perito Moreno

Glacier）的遊客，在當地商店裡也能買到卡拉法特果醬，這種果醬成了非常受歡迎的伴手禮。

（三）火中的女人

女人總是樂於犧牲自己的，不管是爲了拯救族人於飢餓，還是保衛家園的青山綠水。傳說瓜拉尼人的某個部落有個美人，她天性善良，喜歡花草，最喜歡唱歌。當她唱歌的時候，整個河流都停止喧囂安靜下來聽。一天，從天邊飛來一隻大得出奇的鳥，從鳥的脊背上下來了幾個男人，留著大鬍子，背著弓箭，他們腳一碰到土地馬上就變成了四蹄的雙頭怪獸，對著樹木又咬又拱。瓜拉尼人很害怕，但是軟弱的酋長讓大家不要抵抗，他說這種怪獸待不了幾天。但是酋長明顯低估了怪獸的戰鬥力，牠們把成片的樹木拱倒，把泥土踢到河裡，甚至把山巒推倒。怪獸背後主使現身了，原來就是白人，白人看到破壞後的樣子，得意地笑了。

部落裡那個歌聲很美的姑娘，貌若天仙，心地善良，她每天都要唱著歌來讚頌美麗的河川，看到怪獸和白人糟蹋自己的家鄉，她決定勸說他們停止暴行。但是這些白人不但不聽，還聲稱姑娘是女巫，應該被燒死。白人殘忍地將姑娘捆在樹上，下面淋上油，點上火，就笑著離開了。面對火焰的舔舐，美人別無他法，只能念誦著圖巴神的名字，爲神歌唱。在火中，人們聽到了最美的歌聲，歌聲裡讚美了河流的蜿蜒、山巒的雄偉和一切自然的美景。歌聲越來越弱，大家都流著眼淚說唱歌的美人死了。火整整燒了一夜。清晨，人們發現美人沒有被燒成灰，在她死的地方長出了一株美麗的樹，開出和美麗的火焰一樣紅的花朵。這個故事比較眞實地反映了歐洲白人在到達南美初期對印地安人生活的踐踏以及當地人的反抗。

在那個時期，不少印地安部落的女薩滿被安上了女巫的帽子，按照歐洲人的習俗被當眾燒死。很多部落都聲稱這些勇敢反抗白人的女人在燒死後變成了美麗的花朵，繼續庇佑部落。歐洲人對女性原始力量的崇拜遠沒有印地安人充足，他們帶來的性別差異意識在南美生根，成爲主流，女人活潑而原始的力量漸漸只存在於古老的傳說之中了。

第七章

鬥士的誕生

你得提著盾牌或躺在盾牌上回來。

——加勒比婦女

戰鬥種族的誕生

很多印地安部落把自己看成是天生的鬥士，宣布別的部落是敵人，戰鬥和殺戮是他們日常生活的一部分。根據他們的說法，造物主在創造人類的時候造出了不同種類的人，有的善於巫術，有的適合從事種地打獵，還有的則天生好戰，這些好戰份子的天性就是不斷掠奪，無論是女人還是財富，他們喜歡奪取一切。

委內瑞拉的雅諾瑪米人認爲自己就是這樣的戰鬥種族。傳說在史前大洪水毀滅一切後，主神看到人間沒有人類了，就造出了幾個高大凶猛的傢伙，全部都是男人，他們性情暴躁，其中一個人衝著月亮射了一支箭，月亮的血飛濺在大地上，在血中站起來一群人，他們生出來就開始互相殘殺，被稱爲鬥人。那個時候，世界上還沒有女人，鬥人在凶殘殺戮之餘，也會彼此蹭小腿，讓腿肚子受孕，左腿生下女人，右腿生下男人。右腿生下來的男人中有的依舊凶悍，有的變得溫和，前者就是鬥士。有了男人和女人之後，人類就可以繁衍，而好鬥的那群人就形成了戰鬥種族，也就是雅諾瑪米人。

爲了奪取資源和地盤，叢林中部落間戰事頻發，也反映在鬥士誕生的神話中。居住在奧利諾科三角洲的瓦勞族（Warao）認爲自己是神派到人間來的，神不僅給了他們人間的一切，還給了他們一個無比清澈的大湖，但是爲了考驗他們，神不准瓦勞人到這個湖裡去，不能在裡面洗澡，也不能游泳，這個規矩多年來都被嚴格遵守著。

湖邊住著一家瓦勞人，有一兒一女，他們的兒子很守規矩，但是女兒卻對此不以爲然。有一天，她看到湖水清澈見底，著實誘人，就跳到湖裡去游泳，被湖神抓到了，拖到水底，從此失蹤。等回家的時候她已經有了身孕，不久，她生出了湖神的孩子，長得比一般人類的小孩都好看，她自己也得意洋洋。於是她又去找了湖神，打算再生一個。湖神又令她受孕了，但是這次她費力生下的是一個半人半蛇的小怪物。全家驚駭，她哥哥馬上用箭射死了蛇孩。但是她不甘心，把孩子的屍體抱到森林裡，放在地上，過了一會兒，蛇孩又復活了，她也不敢回家，就在林中餵養他。她的家人一直在找她，她只得抱著孩子在林子裡東躲西藏，最後還是被發現了。人們又殺死了蛇孩，怕他復活，還把屍體剁成了幾段。她傷心地把孩子的殘屍收集到一起，用樹葉堆了一個小小的墳塚。她呆呆地坐在墳墓旁，不知道孩子的靈魂將會去哪裡。忽然，她覺得墳墓動了一下，她以爲是自己眼花了，但是小墳墓很快就被孩子脹大的屍體拱開，墳墓裡冒出紅色的光和煙霧，孩子的幾段屍體迅速長成一個紅色皮膚、一身軟甲的鬥士。他就是加勒比人的始祖。他是天生的鬥士，凶悍好戰，他把瓦勞人趕出了原來的領地，建立了自己的新世界。

加勒比人是天生的鬥士，但是其他民族對加勒比人的誕生沒有這麼好的描述。在委內瑞拉奧利諾科河流域的印地安民族有這樣的傳說：有對善良的夫妻一直沒有孩子，他們生活清貧，心裡一直敬神。惡魔曾經用財富和食物誘惑過他們好幾次，這對夫妻都抵制住了誘惑，所以神覺得他們才是世間值得保留下來的人，而其他人的心都壞掉了，不可救藥，只能用大洪水去毀滅。神託夢給這對夫妻，讓他們搬到高地上去，然後讓天不停地下雨，最終把整個世界變成汪洋一片，只有這對好心腸的夫妻得以倖存。

等大水退去，丈夫出來一看，世界已經成了一片泥淖，除了橡膠樹，其他樹都淹死了。丈夫摘了很多橡膠樹的果子給妻子吃，兩人得以果腹。他們成了世界上唯一的夫婦，可是他們一直都沒有孩子，雖得以活下來，但是繁衍後代的壓力變得更大了。丈夫對妻子說：「你看，我們連個孩子都沒有，等我們死了，世間就沒有人了。」妻子也很難受。當天晚上，他倆做了同樣的夢，夢裡神對他們說不要著急，會給他們很多很多孩子，讓世間重新人丁興旺起來。妻子在夢裡趕忙問：「你給我那麼多孩子，可是我只有一對乳房，該怎麼哺育他們呢？」神說：「不用著急，橡膠樹會長出很多奶頭來餵孩子的。」第二天早上起來，他們驚喜地發現，橡膠樹上長出了好多奶頭樣的東西，好多小孩趴在樹上，每一個小孩都吃著一個奶頭呢。惡魔看到，很生氣，他從水裡撈起兩條食人魚，這種魚有鋒利的牙齒，可以在水中轉瞬間把一頭牛啃得只剩白骨。惡魔把食人魚也變成兩個孩子，讓他們去啃橡膠樹的奶頭，食人魚變的孩子很快把橡膠樹的奶頭啃得一個不剩，讓其他孩子沒奶吃。食人魚變的孩子就是加勒比人的祖先，而其他孩子是叢林其他部落的祖先。

加勒比人以鬥士眾多而著稱，鬥士以四處征戰爲榮，加勒比人部落裡的巫師可以幫助他們占卜戰事吉凶，如果巫師夜晚看到吸血蝙蝠飛過鬥士的頭頂，那麼第二天便可勝券在握，出征攻打別的部族。出征時，鬥士們帶著戰鼓和弓箭，腰裡還別著個小包，裡面裝滿了木薯粉做的小麵糰當乾糧。加勒比鬥士從不夜襲，因爲他們認爲戰鬥能力在夜晚會下降，太陽一升起才能開打。如果在戰鬥中殺死了某個知名的鬥士，那麼殺人者從此便可使用他的名字作爲自己名字的一部分，以此宣揚戰績。

鬥士們如果得勝歸來，除了糧食財帛，也會帶回不少俘虜。在開始的幾天，他們會給俘虜好吃好喝，對他們恭恭敬敬，爲的是在勝利慶典上舉行殺死他們的儀式。在慶典上，八個像女孩一樣的苗條少年，渾身貼滿鮮豔的羽毛，圍著俘虜轉圈跳舞，部落裡的男人們開始給俘虜們敬酒。敬完酒，首領過來，他先是審視這些俘虜一番，然後選中一個看起來夠強壯的，用巴掌拍一下這個將死之人的腦袋，馬上過來三個孩子用他們的小石斧把這個人的頭砍下來。以此類推，直到把所有的俘虜都殺死。部落裡的女人也跟著喝酒，把死人的屍體推來推去取樂，據說這樣可以使死者羞於復活。

加勒比男人因爲天氣炎熱，幾乎是赤著身子，而女人則穿著長褂子，臉上有用植物汁液繪成的花朵圖案，她們平時種地，照顧家庭和孩子，還承擔爲部族輸送鬥士新鮮血液的責任。如果生了男孩，丈夫會非常高興，對兒子極爲寵愛，教他各種戰鬥的技能，按照鬥士的標準去培養。在少年時，加勒比男子會嚼一種草藥讓牙齒變黑，成爲黑齒就意味著這個男孩從此算是部落的男人了，到了可以去戰鬥的年紀了。每個男孩都躍躍欲試上戰場，證明自己也是個鬥士。

很早以前，加勒比人的祖先來自中美洲，以星座爲指引，划著獨木舟來到南美大陸，他們定居在南美北部以及加勒比海上那些星羅棋布的小島上。在不少北部民族的傳說中，還記載著這些凶悍的人從海上而來的恐怖故事。抵達大陸後，加勒比人依河而居，在低地上無窮無盡的綠色迷宮般的密林中生活下來。他們的生育能力很強，很快形成了一個又一個獨立的小部落。但是因爲過於好鬥，他們未能像當地其他民族那樣形成一個比較大的政權。加勒比人是個統稱，其中包括好幾個民族。這個稱呼其實是後來歐洲人叫起的，而且帶有很多誤會。「加勒比」這個詞來源於西班牙人說他們食人，「加勒比」就是食人族的意思。其實加勒比人不以人肉爲食，他們的確被歐洲人瞅見過吃人，不過那是當地的一種宗教儀式，當地人認爲吃掉勇猛鬥士的肉可以獲得鬥士生前的力量。其實他們是在補充能量，讓部落鬥士不白死，能量接著往下傳遞。這個場面被歐洲人看到，並且不負責任地擴大了，才落下了這個不好的名聲。

歐洲人想讓加勒比人成爲自己的奴隸，也被證明是幾乎不可能的。加勒比人身材高大，在作戰的時候對陣歐洲人一點兒不遜色，而且在叢林作戰，歐洲人的馬匹無法發揮作用，儘管有火器，但加勒比人的毒箭更爲致命。十五世紀末的歐洲探險家回憶說，加勒比人的身體極爲靈活，他們把戰鬥當成是藝術。

在穿越加勒比地區的時候，歐洲的探險者吃了不少苦頭，河岸邊的居民警惕性極高，對外來者敵意很強，穿過他們的領地就像遭遇一群憤怒的黃蜂。當加勒比人的前哨發現了歐洲人的身影，就敲戰鼓預警，幾乎全裸的鬥士藏在樹林後和獨木舟裡，靜靜等候著歐洲人入甕，他們一冒頭，加勒比人就毒箭齊發。就算歐洲人能全身而退，再往下游行駛上幾公里，又一個加勒比部落會給他們新的攻擊。據說爲了殺死歐洲人，加勒比人十分賣力，經常一路追到部落之間的邊界上才會停下腳步。

加勒比人不光只會打仗，和同樣在南美北部生活的奇伯查人相比，加勒比人更爲高大漂亮，五官舒展，大眼睛鷹勾鼻是加勒比人的典型長相。加勒比人愛打扮，喜歡搭配首飾，這些首飾不光是搶奪來的，也有自己部落製作的。加勒比部落出能工巧匠，他們除了打造精美的首飾，還善於製造各式弓箭，據說可以製造出兩公尺長的巨弓。曾有西班牙部隊提出要和加勒比部落隔河比箭，西班牙人派出了最好的弓箭手，而加勒比人腦袋一偏就躲過了西班牙人的箭，但是加勒比人一搭弓，箭嗖的一聲射出，西班牙對手立刻穿喉而死。除了弓箭，加勒比人鍾愛的武器還有斧子和長矛。戰鬥難免受傷，所以加勒比人還精通草藥學和醫學，加勒比巫醫調製的草藥可以使傷口癒合，他們甚至用迷幻類草藥當作麻醉劑幫助傷者切除壞死的部位。熟悉草藥的加勒比人會在黑夜斬斷藤蔓，從乳白色的汁液中獲得毒藥，來浸潤自己的箭頭，敵人中箭之後，馬上雙眼模糊，神經系統遭受破壞，心臟驟停，很快死亡。

除了戰鬥，加勒比人最大的本事是航行，他們的祖先從中美，甚至有可能是更遠的地方來到南美，靠的就是航海的本事。加勒比人喜歡水，住地不是靠著海就是挨著河。河道縱橫的叢林讓加勒比人找到了商機，所以令人大跌眼鏡的是，加勒比人除了搶掠，還懂做生意。他們乘著獨木舟在河道中穿梭，賣珍珠、菸草、美味的大蝸牛、漂亮的羽毛，而且他們還會做附加價值更高的金器和陶器生意。加勒比女人種植玉米和菸草，讓男人拿出去販賣。加勒比男女比較平等，女人對男人的殺戮也完全樂在其中，在新婚之夜，丈夫爲妻子獻上敵人的頭顱是件溫馨的事情，值得在村裡稱道一番。

戰鬥種族除了北部的加勒比還有南部的馬普切。歐洲人對付加勒比人吃盡了苦頭，馬普切人同樣把他們折磨得不輕。馬普切人有個戰神，但是樣子並不威猛，是個長胳膊垂地、畸形腿、渾身是毛的怪物，據說是死去鬥士的魂魄所化，他只能一跳一跳地走，眼睛裡全是火。在馬普切人對抗西班牙人的戰鬥中，巫師們要呼喚戰神的魂出來，把勇氣和力量傳遞出來。戰神是戰場上不甘心的靈魂所化，所以他的戰術知識也極爲豐富。

善於用兵的印加鬥士

印加人也有鬥士文化，但是發展較晚，在他們之前，奇穆人就已經是軍政合一的典範了。奇穆人喜歡修牆，越高越好，奇穆人的都城昌昌古城就和外星人留下的城池一樣，像蜂巢一般的泥土宮殿，每個角落都特別敞亮，一切都透著樸素剛健和怪誕不經。奇穆人崇拜的東西有點雜——有太陽、月亮、風、海和蛇，還有一隻會吃人的大鳥。奇穆人善建築織造冶煉，實力本來很強，但他們的擴張正好趕上了印加人的擴張，雙雄並立，最終只能有一個勝利者。奇穆人和印加人的仗打了很久，雙方都派出了全國最強的兵力，結果奇穆人輸了。但是印加人佩服奇穆勇士，答應他們保留自己的神和生活方式，而奇穆國王卻和一群工匠一起被押送到庫斯科，給印加王幹活。

印加軍隊軍紀嚴明，常打勝仗，最終他們控制了如今的秘魯、玻利維亞、厄瓜多、智利、阿根廷、哥倫比亞的大部分領土，從北到南建立了從雨林到沙漠、從大海到平原腹地的龐大帝國。

印加人的擴張靠的是軍事實力，印加鬥士的選拔是通過一種類似奧林匹克的賽事來公平進行的。印加男人要比奔跑的速度、跳躍的高度、自由搏擊，最殘酷的比賽莫過於比賽不睡覺，據說爲了贏得比賽，有的印加人吃下草藥，可以堅持一個星期不睡覺。

印加帝國不斷擴張，軍隊裡來自被征服部落的士兵也越來越多。來自這些部落的平民要服印加帝國的兵役，他們身穿統一的印加軍服，但胸口的護心鏡上繪有本部落圖騰，這樣一來，士兵來自哪個部落則一目瞭然。爲了防止這些被征服部落的軍隊反叛，印加人通常把一個部族分成兩個分隊，分隊的首領要互相競爭才能取得比對方更高的軍階。

印加士兵的年齡在二十五歲到五十歲之間，太小太老都不行。貴族必須參軍，這是他們的義務，而當兵對印加老百姓來說也是進身之階，大約平均每五十人中可以選出一個印加鬥士，主要是看他的選拔成績。在印加帝國，當兵是個划算的事情，很多人以此爲職業。士兵有不錯的住房、充足的口糧，隨時可以享用古柯葉，每年做新衣服，帝國還給家屬有口糧補助，還可以分到戰利品，所以很多士兵可以闊綽地擁有不止一個老婆。印加人進攻的時候陣型頗爲整齊，前鋒是彈弓手，這種彈弓威力強大，據說可以使敵人當場斃命，奇怪的是印加人沒有使用弓箭的習慣，彈弓手後面是使用印加斧和大棒的士兵，再往後是短矛手，最後是手執六公尺長的超級長矛的長矛手壓陣。印加軍隊軍紀嚴明，令如山倒，印加王經常大規模調動兩萬人以上的軍隊，在行軍的時候，印加軍隊可以不發出一點兒聲音，而在戰鬥的時候，他們會發出威懾敵人的吼聲，或者唱歌羞辱敵人。印加軍隊裡有女人，基本是士兵的妻子，有時候將領也帶著妻子。這些女人要做飯、洗衣、照顧傷員、埋葬戰死者。隨軍的還有祭司，他們是很忙的，到了晚上，士兵們睡覺，但是他們不能，因爲他們忙著給敵人下咒，削減他們的實力。

印加軍隊能橫掃安地斯山也要歸功於印加人積極修築道路，印加人想攻打哪裡，就把路修到哪裡，這些道路可以運送大批的軍隊和戰略物資，而羊駝是重要的軍需品馱獸。印加人很愛琢磨打仗這些事，對排兵布陣、制定戰術有濃厚的興趣，而面對印加軍隊，安地斯山的其他部落就太不專業了，他們的鬥士體系結構鬆散，上升不到軍事組織，他們的勇猛在有組織有策略的印加軍隊面前不堪一擊，不管是雨林、山區的部落，還是平原、沙漠的部落，都敗在印加人手下。印加人的手段很多，挖墳掘骨這種事也可以幹。但是必須強調的是，印加人不愛殺人，就算對方拚死抵抗，他們也不至於憤而屠城，有時候甚至原諒對方，頗有些愛惜勇猛之才的意思。

印加人更厲害的是有時候可以做到不戰而屈人之兵，也就是說，他們愛的是征服，而不是打仗本身。在開戰之前，他們先給對方首領提出優厚的條件，比如依然尊他為這一地區的首領，但是他的部落要作為印加的屬國。成為印加屬國可以享受到不少好處，比如印加人會給當地築橋修路、蓋房子，還送當地貴族漂亮的印加女人，生下的後代自然就有印加血統，這樣一來，異族部落自然與印加帝國血脈相連，成為一體。如果對方很驕傲，不能接受被征服，那麼印加人就以不敬太陽神為由修理這個部落。如果印加人打贏了，對方付出的代價很可能是搬離自己的家園，去遙遠蠻荒的地方去開墾。把這些部落驅趕到土地貧瘠的地方，印加人就任由他們自生自滅了。許多年後，西班牙人用同樣的辦法對付了印加人。

鬥士的愛情

（一）圖巴之怒

鬥士在印地安傳說中往往是愛情的寵兒，勇猛的他們很容易獲取姑娘的芳心，連神都對他們網開一面。瓜拉尼人的部落裡有個叫伊哥塔的鬥士，他愛上了部落最美的女孩皮卡蘇，他們是大家眼中天生的一對。女孩的父母也認可了這樁親事，但是認爲還是應該徵得月亮神的同意。村裡的薩滿在作法後，夜空一片清朗，月光正好，每個人臉上的汗毛都看得很清楚。薩滿說，這象徵月亮神對這樁婚事很滿意。酋長說：「既然如此，那婚事就準備起來吧。」

部落裡一下子熱鬧起來了。大家抬著伊哥塔，哄笑著把他扔到湖裡。伊哥塔是全村最好的游泳健將，他像水鳥一樣，一下扎進水裡迅速下潛，給大家捕了不少魚；第二天他又去森林裡打獵，黃昏時拖著很多獵物回來，交給族人準備婚禮的晚餐。大家在婚禮上又唱又跳，喝了很多酒，人們發出的陣陣笑聲讓附近的鳥兒都不敢落下來。大家都醉醺醺的，如果他們這時候抬頭看看天，會發現天空已經陰雲密布。忽然，猝不及防，傾盆大雨降下來，把人們澆了個措手不及。大家這才想起了一件事，他們忘了徵求主神圖巴對婚事的意見。

大家在雨中喊著：「圖巴神生氣了，他的眼淚落下來了，怎麼辦啊？」新婚夫婦也嚇得臉色煞白，這意味著他們不能住在部落裡了，否則就會給大家招來災禍。按照風俗，他們唯一的出路就是跳到湖裡，游到一個很遠的島上去，所有不被神祝福的夫婦都去那裡度過餘生。這是一種放逐，永遠不能再回部落了，同樣再也見不到親人了。

大雨一直到第二天中午才停，小夫婦在眾目睽睽之下跳入湖中，開始往前游，族人都在岸邊咒罵他們得罪了圖巴神，讓他們快快離開部落，免得圖巴神的怒氣轉移到其他人身上。兩個年輕人奮力往前游，伊哥塔一直耐心地等待游得慢的妻子，還幫助她躲過漩渦。他們眼看就要到小島了，新的災禍卻降臨了。部落裡有個壞傢伙，對鬥士伊哥塔心懷嫉妒，想要藉這個機會除掉伊哥塔，他躲在岸邊的樹上拉弓射箭，連著射了好幾支，讓小倆口完全無法避開，最終這對不幸的小夫妻中箭後慢慢沉入水下，整個湖水都被鮮血染紅了。天一下子暗了下來，太陽便成了血一樣的紅色，就好像天空也變成了湖面。部落裡的人又嚇壞了，惴惴不安，不知道降臨了什麼新的災禍。其實這是圖巴神顯靈了，他從空中用巨掌撈起了伊哥塔和皮卡蘇的屍體，讓他們復活，他也原諒了他們的無心之失，恩准他們可以重新回到部落生活。射箭的壞傢伙則留在放逐島上，和其他被放逐的夫婦一起生活，但是別人至少成雙成對，而他一生都不會有女人。

（二）波提拉的淚水

嫁給鬥士的女人通常是部落裡最美的，但是她們的命運有時候也很悲慘。巴西的瓜拉尼傳說中有個悲傷的故事。在白人還沒來到這片大陸的時候，人跡罕至的森林裡生活著很多部落，他們之間時而和平，時而開戰，每個部落都有不少專門打仗的鬥士。波提拉是被上天厚愛的女人，她有美麗無雙的容貌，她的心上人是部落裡最勇猛的男孩塔希巴。大家都等著他倆盡早結婚，因爲按照這個部落的風俗，男女一結婚，男人馬上就成爲鬥士要去打仗。波提拉和塔希巴結合了，塔希巴也成了部落鬥士中的新生力量，不斷去征戰。一開始波提拉下決心不像部落裡其他鬥士的妻子那樣神不守舍，日夜擔心，她相信塔希巴的本事，但是一次又一次的分別還是讓她越來越鬱鬱寡歡。在一次漫長的等待中，年輕的妻子失去了耐心，在黑夜中投河了，而她的丈夫也再沒有回來。其實，早在她死之前，她的丈夫就在一次戰鬥中身亡了。部落裡還有新的女孩長大，她們也會一天比一天美，當她們在森林的晨霧中看到露珠的時候，老女人會告訴她們，那是美人波提拉的淚水。

（三）血滴紅石

在印加傳說中還記載了鬥士和太陽貞女之間的禁忌愛情。一名印加鬥士受傷後無意中闖入了在的的喀喀湖邊剛剛修好的一座太陽貞女廟，廟裡的太陽貞女被宣布爲太陽神的後宮，不得與凡塵男子有染。心地善良的貞女們收留了鬥士，瞞住祭司，爲他療傷，其中一名清純羞澀的貞女讓鬥士心儀不已。他們相愛了，貞女懷了鬥士的骨肉。自知犯下大錯的他們逃出了神廟，但是他們的罪行已經報告給了印加王。印加王大怒，不僅下令搜捕他們，還命令薩滿對他們二人進行最狠毒的詛咒，貞女帶著未出世的孩子死去了，鬥士很快也在悲傷中走到了生命盡頭。部落的人將二人屍身埋葬在山腰。一天，人們發現他們的墳墓旁長出了紅色的花朵，而墳墓的土也有些鬆動，幾顆紅色的小石子露了出來。當地人大駭，認爲是他們的靈魂在相愛的痛苦中化作了鮮血一般的紅色石子，於是層層上報給了印加王。印加王認定他們是眞愛，而非普通男女苟且，決定原諒他們。這種血滴一樣的紅石也在當地被開掘出來，被印加帝國的貴族女人當成愛情和寬恕的象徵。

（四）兄弟爭女

鬥士在愛情中也有失敗的時候。秘魯的傳說講述了兄弟倆爭奪一個女人的故事。在很久以前，那時候還沒有印加帝國，一個酋長有座漂亮的宮殿，從宮殿往外望去是皚皚的雪山。他有個女兒，叫蘇瑪赫，又美麗又貞潔，從不和小伙子隨意談笑，就連在祈求豐收的舞蹈中，她都姿態莊重，如同天上神女一般。部落裡有對兄弟，哥哥包卡爾是出名的鬥士，勇猛無畏，他統率軍隊，在戰場上為部落立下赫赫戰功，是當地女人心目中的英雄；而他的弟弟麥塔是個普通的農夫，沒什麼大本事，但是種的莊稼年年豐收，放牧也是把好手。

包卡爾在一次祭典中遇見了蘇瑪赫，驚為天人。按照祭典的規矩，蘇瑪赫要把玉米餅和羊駝肉餅交到包卡爾手中，而且作為在戰場上立下戰功的出色鬥士，包卡爾可以和她跳一支當地的舞。跳完舞，包卡爾的心算是徹底屬於姑娘的了。他開始頻頻出入酋長的宮殿，他知道見不到深閨中的蘇瑪赫，但是他經常和酋長聊天，給酋長機會吹噓自己當年的戰績，以此拉近關係。包卡爾不是那種有勇無謀的人，就算他心裡想著姑娘，但表面上仍然專心致志聽酋長吹噓自己當年的戰績。

弟弟麥塔也在一次慶典上見過蘇瑪赫，同樣魂牽夢縈，但是他沒有戰功，沒資格進入酋長的宮殿。他只能頻頻到宮殿附近的一口井去打水，趁機看看姑娘在窗前梳頭或者望天。姑娘看到弟弟呆呆望著自己的樣子，不禁覺得好笑，覺得這個傻小子很有意思。

一天，在宮殿外徘徊的弟弟正好碰到了從裡面出來的哥哥，他鼓起勇氣問哥哥是不是愛上了蘇瑪赫，哥哥說是。兄弟倆先是同病相憐地彼此傾訴了對蘇瑪赫的愛，然後兩人都表示不願意放棄，最終只好一起去找酋長。酋長說，兄弟倆之中誰能解決部落的難題，誰就能娶自己的女兒，這個難題就是每到春天，雪山上的雪水融化，從山頂傾瀉而下，部落便要遭受山洪。酋長說，誰能把山洪引開，並讓流水緩緩從宮殿前經過，蘇瑪赫便嫁給誰。

包卡爾有優勢，他是大家敬仰的勇猛鬥士，威望高，可以動員士兵爲自己開渠。他和大家一說，很多人願意爲他出力。包卡爾決定筆直地挖一條從雪山到宮殿外的水渠。而麥塔只有幾個農夫朋友，但是他有經驗，因爲他曾經在這一帶開渠引灌，他精準地計算出了運河應有的走向，在短短兩個月內，他利用地勢和原有河流，把山洪引入了運河河道，緩緩流經宮殿門前，而包卡爾只完成了計畫的一半。

酋長決定按照承諾把女兒嫁給農夫麥塔。從未品嘗過失敗滋味的包卡爾不甘心，他向弟弟宣戰。但不是每個人都支持包卡爾，很多人覺得他輸不起，因而同情弟弟麥塔。於是，部落的人分化成支持包卡爾和支持麥塔的兩撥，分別組建了戰鬥隊伍，爲了蘇瑪赫的歸屬而開戰。戰鬥十分激烈，各有勝負，一連打了三年，田地都荒蕪了。沒辦法，鬥士哥哥向農夫弟弟提出，不要再打仗了，改由他們二人決鬥。弟弟硬著頭皮答應了。

在決鬥場上，包卡爾看著並不強壯的弟弟站在自己的對面，熟悉的眼睛裡充滿了害怕，他知道自己一下就可以結果弟弟的性命，但是，這眞的是自己想要的嗎？他頓悟了，放下了武器，放棄了蘇瑪赫，祝福了弟弟，轉身離去。

他也沒有參加婚禮，而是一個人到了山裡生活，很少有人再見過鬥士包卡爾。

第八章

安地斯的女神和遊魂

安地斯山地區是一個雲霧繚繞、細雨霏霏、冷風習習的世界，只能用細膩的灰色和沉鬱的綠色來鋪陳。

——馬奎斯《番石榴飄香》

抽菸的老女人帕查媽媽

安地斯山是世界最長的山脈，從最北面的加勒比海到最南端的巴塔哥尼亞，綿綿山脈裡發展出了令人稱道的農業文明。對於賜予收穫的土地，印地安人極爲珍視。曾有西班牙人覬覦良田，蠻橫地對印地安人宣布土地是他們的，與他們說理的印地安酋長笑著從地上抓了一把土，放在嘴裡，嚼著吃掉了。沒有人比印地安人更愛土地，大地之母帕查媽媽是所有安地斯山地區人的女人。

「帕查」在印地安克丘亞語（Quechua）中是大地的意思。帕查媽媽是大地之母，無人知道帕查媽媽何時誕生，她的年歲和這個世界一樣古老，平時住在地下或者隱藏在山體裡面，農夫和礦工都極爲敬重她。在遠古時代，帕查媽媽創造了土地，供萬物生長，凡是長在大地上的一切都屬於帕查媽媽，是她身體的一部分。當萬物衰亡的時候，他們就重新回到地母的懷抱，帕查媽媽會把萬物吸收回自己的身體裡。她的血流到植物裡，所以有的植物才有了療傷的功能。印加人和其他許多安地斯民族一樣都有燒古柯葉撒在大地上來孝敬帕查媽媽的習俗。久而久之，帕查媽媽就是一個抽菸老婦人的樣子，說話絮叨，但慷慨大方。據說有的時候，她爲了迷惑人，會變成目光清澈的小姑娘，去考驗人類對她的忠心。雖然帕查媽媽模樣可親，但一旦惹惱她，後果也很可怕，所以山民像對待一個脾氣古怪的老祖母一樣侍奉她。她還有個抽象的形象，出現在不少安地斯首飾上，是一個美麗的漩渦，當地人解釋說，這象徵著帕查媽媽創造出來的無窮無盡的土地。

得罪帕查媽媽意味著沒有收成，這在貧瘠的山區是一件很可怕的事情，人們出於敬畏，用最珍貴的羊駝心臟來祭祀她。他們既愛她，又怕她，所以下地幹活的印地安人每天都要一邊勞作，一邊和帕查媽媽說話，請她原諒自己無心的過失和偶爾對大地的不敬。帕查媽媽經常很餓，如果不按時給她供奉食物，她就會發脾氣降下災禍和疫病。家庭裡釀好奇恰酒，第一口必須灑在土裡給她喝。

當天主教傳到安地斯山後，聖母瑪利亞沒有能完全取代帕查媽媽，她們倆像兩條平行線一樣，分別被山民們供奉著。在秘魯、玻利維亞和阿根廷，每年都有帕查媽媽節，再選出一個年輕的處女，代表尚未開墾、並不肥沃的土地。老婦人會代表帕查媽媽接受玉米、美酒、石塊和鮮花，以及豚鼠肉、羊駝肉一類的供奉，而年輕的女人則什麼都沒有，村民希望用這種對比使得帕查媽媽高興，給予他們來年更好的收成。

安地斯山的田地裡都埋著帕查媽媽石像，當他們不得不遷徙時，他們會挖出石像，帶在身邊，到了新的土地，再埋下去，他們相信帕查媽媽會把生土變成熟土，很快長出莊稼。

帕查媽媽很愛睡覺，所以不能隨時播種，以免打攪到她。只有春天，帕查媽媽才打開她的身體，讓人們播種，這個時候，土地是可以耕種的。春天的帕查媽媽很活躍，會變化成小女孩的樣子看人們種地，但是她也是易怒的，村民遠遠看到她，千萬不能招惹，否則便毀了一年的農耕大計。

生活在阿根廷和智利交界的第基塔人（Diaguita）是很典型的安地斯山的人，他們說帕查媽媽經常來到他們的土地上，如果遠遠地看到一個矮小的老女人，經常戴個寬邊帽子遮住自己的臉，那就是她了。因爲自己當年生下了所有的山峰和地上所有的男人，所以她特別驕傲，把整個天地都當成自己的神廟。女人就像對待自己婆婆那樣對待她，表面恭順，但也偷偷在背後編派她。女人們都說，帕查媽媽和自己家婆婆一樣貪吃，經常偷吃廚房裡的東西，愛抽菸，還非常喜歡生氣，所以女人們用美酒和菸草供奉帕查媽媽的同時，還用黑色和白色的羊駝毛紡成線編成帶子，綁在脖頸、手腕和腳腕上，用於抵擋帕查媽媽的詛咒，生怕她一個不高興就降禍於人。

帕查媽媽不喜殺戮。相傳有個西班牙鰥夫，帶著兒子來到安地斯山一個小村子定居下來。這個西班牙人有火器，槍法不錯，經常在山中獵殺動物，什麼原駝羊駝野兔都是他的獵物，除了自己吃，他也把多餘的獵物拿出來賣。因爲當地人很少獵殺動物，所以西班牙人拿著一桿槍在山中稱霸，他越打獵越上癮，殺的動物越來越多，動物的屍體每天都堆得像一座小山，血把土地都染紅了。當地居民看了十分害怕，告誡西班牙人少殺戮動物，夠自家吃便收手吧，因爲土地上和高山上的一切都屬於帕查媽媽，她不喜歡別人殺太多的動物。但是西班牙男人不以爲然，還是每天出門打獵，能殺多少殺多少，有些小個兒的獵物都懶得撿回來，直接撂在地上。

一天，他和兒子騎著騾子出門進山，想教兒子打獵，走出去沒多遠，忽聽得腳底下有轟鳴聲，像是在地底下打雷，不遠處的小山上還滾落了幾塊大石頭。村裡人見了，遠遠地叫他們回來，說這是帕查媽媽在警告他們，勸他們今天就不要打獵了。西班牙男子很固執，決定不理會這些，繼續帶著兒子向前走。他們上到了半山腰，走著走著，山體突然塌陷了，在他們眼前出現了一個斷崖。他們倆趕緊吆喝自己的坐騎往後撤，但是騾子渾身發抖，一步都挪不動。西班牙男人招呼兒子從騾子上下來，他們剛下來，就看到騾子身子一歪，掉下懸崖，發出一聲悲鳴。這是帕查媽媽的第二個警告。不敢再逗留的西班牙人一把抱住兒子，一溜煙跑下了山。回到村裡，他氣喘吁吁地和村民講述了山上的經歷，村民告訴他要馬上向帕查媽媽道歉，趕緊去找些菸草來，撒在地上點燃，讓她老人家抽兩口菸，消消氣。西班牙人以手頭沒有菸草爲由拒絕了村民的提議。

當天晚上，月光明晃晃，西班牙人睡不著，翻身發現兒子不見了，他起身趕緊去找。他看到兒子在月光下騎在一頭原駝上，眼神空洞，沒有任何表情，好像靈魂被從身體裡剝離了一樣，原駝一步一步向山裡走去，很快就消失了。西班牙人大叫起來，把村裡所有的人都吵醒了，他結結巴巴地告訴他們發生的一切。村民告訴他，這是帕查媽媽給他的第三個警告：帶走了他的兒子。但是他們也安慰他，只要他改正錯誤，不再濫殺，帕查媽媽可以再賜給他一個兒子。西班牙人此時才眞正相信了帕查媽媽的偉力，很快地，他和當地一個女人結婚，又生下了一個混血兒子，他跟隨妻子種地，不再碰獵槍了。

每年的五月到十月，在阿根廷北部庫約地區（Cuyo），會颳起陣陣炎熱的強風，這種風也被認爲是帕查媽媽的警告所化。據說很久以前，當地有個酋長，能征善戰，征服了周圍好幾個部落。他本人是個神箭手，箭無虛發，他自己也非常得意這一點。爲了炫耀自己的箭術，他經常瞄準走獸和飛鳥的腦袋，輕鬆把牠們射死。

一天晚上，他做夢夢到了帕查媽媽，夢中的帕查媽媽個子不高，滿臉皺紋，她倒沒有傳說中的壞脾氣，也許是所有安地斯山的人都算是她的兒子，所以對這個勇猛的兒子，帕查媽媽多了很多耐心。她告訴他，她不是人類一個種族的母親，她也是動物和植物，甚至是山體和河流的母親，她對人類已經很偏心了，給了他們殺其他動物的權利，但是如果人類濫用這個權利，她就會生氣，用自己的方式去降下懲罰。說著說著，帕查媽媽消失在一團光霧之中了。酋長從夢中醒來，看到天光大亮，夢裡的事不覺忘了大半。

他起身，習慣性地拿著弓箭，到了林子裡。看到飛鳥走獸，殺心又起，他瞄準一隻鳥，忽然聽到背後的大樹嘆息了一聲。他心想，壞了，夢裡的警告是眞的。轉眼間樹枝就像活了的手臂一般，對著他的臉就是一頓狂抽，他臉上登時就出現了漁網一樣的紅色傷痕，十分可怕，樹葉和樹上的花兒、果子一古腦向他砸過來。樹好像一個人一樣，一邊打他，還一邊喘著粗氣。樹在揮舞樹枝時帶動的風也越來越熱，就好像帕查媽媽的怒氣一般。從那時起，庫約地區就有了熱辣辣的風，吹在人臉上就像被打過一樣疼，那是因爲帕查媽媽還餘怒未消。

水對於帕查媽媽很重要，因爲沒有水，就沒有萬物的生長，她掌管的動物和植物就無法生存。水神家族裡的家長是父親冰雹和母親湖水，他們的孩子有天上的雲霧、地上的河流，還有山石縫的水。帕查媽媽掌管著他們，如果人類需要水，她會讓水神們到人類的村子裡去，把水帶給他們，如果人類貪心，想要更多的水，她便用乾旱來懲罰人類。其他水神到村子裡可以帶來雨水，但是冰雹神就不那麼受歡迎了。他是水神家族的家長，有傳統的安地斯山道德觀，好多管閒事，哪個部落出現用草藥打胎的女人、鬥毆的男人，或者出現了債務糾紛和感情欺騙之類的事情，他都會下一場冰雹來懲罰他們，所以人們都說，他的存在是讓安地斯山的人活得更加道德。但是冰雹之神是個好溝通的人，如果人們求他不要來了。他也許眞的就不來，他喜歡穿著黑色的袍子，喝著酒，醉醺醺地往他要去的村莊那邊趕，這個時候如果有人攔住他，好聲好氣勸他不要來，他便不來了。冰雹有個好兒子，是雨。雨是個嚴謹的好青年，他按照季節澆灌土地，給莊稼和牧草足夠的水，但是他太忙了，有時候不知道他去哪裡了，就會很長時間不下雨，人們只好去山頂的聖湖去，求他的母親叫兒子趕緊到他們村下場雨。

會飛的頭

外鄉人剛到安地斯山的時候，當地人會好心提醒他們要小心烏瑪（Uma）。「烏瑪」在當地語言中是頭的意思，印地安人是在提醒他們小心一種會飛的頭。這種飛來飛去的頭通常在夜間出現，是女巫的腦袋，所以烏瑪也代指年輕漂亮的安地斯山女巫。她們混跡在普通人中生活，會用法術操縱自己的頭離開身體，騰空而起，飛得很遠。想要分辨一個陌生的漂亮女人是不是烏瑪，就要在一段時間裡日日夜夜和她生活在一起，寸步不離，因爲會飛的頭每隔一段時間要去尋找獵物，吸血維生，否則就會餓死。安地斯山人堅信每個星期二和星期四是女巫的進食日，她們會讓頭離開脖子，飛起來去覓食，也有個說法是每星期五，所以在這幾天她們不能見人。會飛的頭特別青睞吸食男人的血，尤其是年輕男子。烏瑪的捕食方式和老鷹差不多，飛在天上往下看，選中獵物後就猛地扎下來，停在獵物的面前，用長長的頭髮把獵物勒死，然後吸他的血。

烏瑪常在夜間出現

當頭在天上飛的時候，女巫的身體必須在一個很安全的地方，因爲身體在這個時候沒有任何反抗能力，如果這時弄點鹽撒在她的脖子上，她的身體就會痛苦地抽搐。在空中的頭也能感知到，六神無主，在空中亂作一團，她會趕緊找到一個女人，設法弄掉對方的頭，然後把自己安上去，再慢慢地控制這具新軀體，直到完全融合。如果趕路的女人被烏瑪盯上了，得趕緊跑到附近的密林裡或者荊棘叢中。因爲烏瑪的頭髮在風裡被颳得亂糟糟的，很容易掛在樹上，她又沒有手，所以一旦被掛住就很難解脫，不能及時吸食人血，烏瑪就會衰竭而死，所以她最怕密林。

據說，有個村子，裡面有個不大老實的男人，找了個外村來的姑娘當情人。兩個人偷偷摸摸在一起，越來越覺得對方有趣味。男人恨不得天天都見情人，但是姑娘告訴這個男人千萬不能在星期五的時候去找她。男人答應了，但時間長了，他心裡開始嘀咕是爲什麼。問姑娘，她也不解釋。姑娘的態度激起了男人的好奇，他甚至懷疑她還有別的情人。一個星期五的晚上，男人失去了耐心，跑去姑娘的家裡找她。他敲門，沒人應答。他從門縫往裡看，看到他倆經常歡好的床上有一具抽搐扭動的無頭身體，從脖頸的斷口裡還發出類似風聲的咻咻聲。他嚇了一跳，以爲是什麼邪魔，爲了保護情人，他鼓起勇氣，推開了門。屋外的風突然大了起來，他隱約聽到空中有心滿意足的笑聲，脖頸好像也感覺到了什麼，咻咻聲更大了，好像有什麼東西要進來了。男人趕緊躲在了牆角的斗篷下面，從斗篷縫隙中，他看到一個形如黑鳥的東西從窗外飛進來落下，一番抖動之後，姑娘的臉露了出來，原來她是個烏瑪。她剛剛飲完人血，心情很好。她飛到了脖頸的上面，對準自己的身體將頭安上。她起身，理理頭髮，看起來又是一個正常的女人了。男人嚇得要命，一直等到她走出屋子，才敢起身。他一溜煙地跑回家，再也不去找這個情人了。情人覺察到自己的祕密敗露，索性在颳風的夜晚以烏瑪的本來面目去找這個男人。她用腦門兒叩擊著男人家的房門，男人不敢出去見她，抱著老婆孩子躲在屋裡只是一味發抖。老婆從門縫裡看到對方是個烏瑪，嚇得大哭，男人還騙她說這不過是風聲。老婆指著窗外說：「看，風哪裡會有黑色的頭髮，哪裡會有紅紅的嘴唇？」

男人求助於村裡其他男人，他們替他想了一個法子：趁著烏瑪星期五離開身體的時候，往她脖子的斷口抹上鹽，這樣頭就無法回到身體，必死無疑。男人照著朋友說的做了，等到星期五，他跑到情人的房子裡，在尖叫的脖頸處塗上了厚厚的一層鹽，身體立刻停止扭動，男人覺得很滿意。爲了等烏瑪回來，看著她徹底死掉，男人又躲到上次的斗篷下面。他等了好長時間烏瑪都沒回來，男人睏了，不知不覺在斗篷底下睡著了。有所感應的烏瑪從很遠的地方慌慌張張地飛回來了，看到自己的身子不動了，被抹了鹽，知道已經無法再長回身體。而負心的男人居然在斗篷下睡著了，氣憤的烏瑪拱起斗篷，把自己安在男人肩膀上，把自己的肉和他的肉連在一起，血脈一通，便長在了男人的肩膀上。

男人醒來，看到情人的腦袋長在自己肩膀上，還在對他嘻嘻笑。他尖叫著跑出屋子，一直跑到山裡，卻怎麼也擺脫不掉烏瑪。據說後來他便成了一種只有在黎明才會出現的鳥，叫聲淒厲。每當他天不亮就開始叫的時候，安地斯山的女人就會警告男人，不要停靠在別的女人的臂彎裡，否則情人的頭會永遠長在他身上。

安地斯男人對付烏瑪還是有一套的。另一個安地斯的村裡有個小伙子和一個外來的姑娘戀愛，無意間發現了她是個烏瑪，不時在山中吸食人血。和上一個故事一樣，他也將情人的脖頸塗上了鹽，烏瑪回來後，無處可依，便用牙齒咬住了小伙子的肩膀。小伙子慌了，跑到曠野中，無論他怎麼抖動都不能弄掉烏瑪。於是他停下來，讓自己鎮靜一下。小伙子想了想，問肩膀上的烏瑪要不要吃點果子，烏瑪說可以。小伙子又說下雨了，爲了避免把烏瑪漂亮的頭髮淋濕，他請她先在衣服搭起的小帳子裡躲會兒雨，他去採果子。自以爲神通廣大的烏瑪覺得小伙子逃不出自己的手掌心，便答應了，鬆開了嘴。獲得自由的小伙子馬上跑到了茂密的林子裡不出來了。烏瑪怕被樹刺掛住，不敢鑽進去，只好飛了起來，去找一具新的身體寄放自己的頭顱。

直到現在，安地斯山裡的人看到山坡上有莫名的屍體的時候，都堅信對方乃是被烏瑪所害。很多人也認爲，在山中行走的時候，最好不要談論和頭有關的話題，只怕招來這種陰風中的奇怪生物。

但是烏瑪也有擁護者，很多印地安人說他們經常在晚風中見到烏瑪，她面容姣好，頭髮因爲山風的關係總是亂糟糟的。他們說烏瑪也沒有傳說中那麼大的法力，她總是停在人們的胸口位置，用個棒子打掉就可以，而且烏瑪離開身體便不會講話，被打在地上也只是吱吱呀呀地叫。有的印地安部落認爲烏瑪不是惡鬼女巫，而是個熱心腸的怪物，如果哪家丈夫對妻子不好，烏瑪會出來小小地懲戒一下丈夫，但不會做過分的事。烏瑪還幫助夜晚在安地斯山裡迷路的人，幫他們遠離野獸。

烏瑪的故事也許是西班牙人到來後對當地文化的一種竄改，因為有登山者曾經在安地斯山脈的雪山上見過封存完好的古代印地安人的頭顱，只有頭，沒有身體的其他部分。這些頭顱也許是某種巫術的產物，因為印地安人相信頭具有平衡時空的神奇力量，所以放在安地斯山中鎮山安魂。據說有的登山者曾經聽到頭顱發出尖叫和笑聲。

遊魂

安地斯山又大又空曠，山裡面有很多受到詛咒的鬼魂，他們生前幹了壞事，罪孽不被神明寬恕，所以死後無法進入天堂，也不被地母所容，他們被懲罰只能去爬沒有盡頭的安地斯山，到了山頂就會滑下來，無休止地爬上去滑下來，沒有停歇。他們日復一日遊蕩在安地斯山裡。特別是西班牙人到來之後，被詛咒的遊魂（Silbón）的傳說得到了某種強化。

在安地斯山的一個小村子裡，住著父子二人，父親是很勤快的人，天不亮就催著兒子趕牛上山，兒子只好早早起來，太陽還沒出來就趕著自己的牛出門了。他還沒睡醒，頭腦昏昏沉沉的，牛看起來也有點暈，夢遊一般地在黑沉沉的霧裡往前走。小伙子看到前頭走著一個人，穿著黑色的袍子，他以為是哪位神父早上起來禱告，於是打了個招呼：「神父，您早啊。」但是前頭走的那個人沒理他，小伙子只好又大聲說了一句：「神父，您起得很早啊！」前面的人回過了頭，他的牙齒很大，跟豬的牙差不多，而且走近了才發現他的雙腳不在地上，整個身子在空中飄著，脖頸已經腐爛，直往下掉蛆蟲。那個人看到小伙子，慢慢地靠了過來。小伙子一下子完全清醒了，他心想大概是碰到遊魂了，趕緊拽身邊的牛的尾巴，讓牛叫，他聽老人說遊魂最怕牛叫。遊魂靠近的時候，牛群開始騷動，小伙子感覺到身邊的牛的身體開始發燙，都快冒煙了。小伙子又使勁拽了一下牛的尾巴，牛痛得叫了一聲，果然遊魂顯出害怕的樣子，小聲嘟囔著飄走了。看著遊魂走遠了，小伙子還抓著牛尾巴不敢鬆開，直到太陽出來，身子被太陽烤得熱呼呼的，他才算緩過勁來。

很久以前，有個安地斯山的印地安人當腳夫，他帶著主人交給他的四袋銀子去另一個地方。安地斯山不比平原地區，行路沒那麼方便，所以不少人都僱腳夫送信或者傳遞東西。途中腳夫投宿在一個山裡的小旅店，但不幸的是這是一家黑店，專門打劫腳夫。店主看到他腰間沉甸甸的，便叫來了當地的惡霸，合夥把他搶劫了，分了那四袋銀子。這個腳夫苦苦哀求他們把錢還給自己，說如果他們搶了他的銀子，以後不會再有人讓他當腳夫了，而且他和他的兒子孫子都要給主人家做苦力才還得清這筆錢。但是黑心的店主和同夥根本不理會他，讓這個可憐人哭著走了。店主他們很快就遭了報應。惡霸和他的妻兒暴死在家中，被人發現的時候身體已經開始腐爛了，不久後就有人在山裡見到了他們的遊魂。因爲他們的靈魂和身體不被天地所接納，所以只能一直在山間遊蕩。看到他們的人說，這幾個遊魂的頭長在了牲畜身體上，叫起來聲音淒厲。而那個店主也四肢癱瘓，不能動彈，家人也不給他送飯，最終餓死，死的時候骨瘦如柴，和一具骷髏差不多。印地安的腳夫們經常在夜裡烤火的時候繪聲繪色地講起這個故事，來嚇唬那些覬覦他們身上錢財的人。

在安地斯山的一些貧窮地區，死不是可怕的事。那些正常死去又沒幹過什麼壞事的人，他們會在死前的一刻靈魂飛起，飛過那些他們生前快樂過和痛苦過的地方，他們會在河水中洗滌自己，到天堂去享受沒有淚水的日子，所以安地斯山的人不害怕死亡，相反，他們認爲人死後可以去一個隨時能吃飽喝足的地方享福。但是如果去不成反而是一件很嚇人的事情了，那意味著要變成在人間挨苦的遊魂。「遊魂」這個詞說出來有很大威力，甚至印地安母親嚇唬年幼的孩子不要扯自己的頭髮，都會拿出遊魂來嚇唬，因爲變成遊魂的罪行似乎是可大可小，比如藏私房錢、搶劫，或者私通殉情、殺人越貨，都可以變成遊魂。貌似這個傳說存在的意義就是把人們變成在土地上規規矩矩生活的人。

遊魂的日子悲慘是眾所周知的，他們陰暗猥瑣，生活在墓地周圍或者不見光的山洞裡，每到夜晚出來，還要遭到上天莫名的鞭笞。遊魂的型態不一，有的是變成人首的動物，有的則是身著神父修士一類的黑袍子，黑袍子遊魂的眼睛是通紅的，沒有瞳仁。很多遊魂不敢露出臉孔，怕被人認出來。遊魂認爲自己的靈魂丟了，所以想抓替死鬼，通過吃掉無辜靈魂的方式讓自己得到解脫。據說遊魂吃的是腦子的部分，因爲那是人的靈魂所在的地方。如果是犯下亂倫罪行而成爲遊魂的，通常另外一半也保不住性命，因爲遊魂總是會把另一半也帶走和自己作伴，好讓自己不那麼孤單。

有個孤苦的印地安寡婦，在安地斯山的一個小村子邊上住著，一天到晚紡線，掙一點點錢維持生計。一天深夜，她聽到敲門聲，那時候正好是晚上十二點，她也沒留心，直接開了門。有個陌生男人站在門外，對她說：「夫人，您能幫個忙，幫我保管這個小包裹嗎？我明天這個時候過來取。」這種事情在山間也是常見的，女人沒有疑心，就收下了。陌生人走後，女人重新開始紡線。她在油燈下看著小包裹，很好奇裡面是什麼。於是她大著膽子打開了，結果她嚇了一跳，裡面是一截人骨。她嚇得一宿沒睡，天濛濛亮就跑去問村裡的神父該怎麼辦。神父說：「你是不是在晚上十二點的時候開門了？那是鬼怪出沒的時刻。這個人很可能是個遊魂。今天晚上他會過來索命，你去村裡找三個男孩三個女孩今天晚上住在你家，他就無法吃你了。」女人照做了。果然，到了十二點，遊魂來敲門了。女人前後各兩個孩子，左右各一個孩子，被孩子圍得密密實實的，她伸手打開了門。遊魂一見，知道不可能吃女人的腦子了，就用鼻子裡的聲音說：「很後悔沒有昨天就吃掉你。」然後就憤憤地飄走了。關上門，孩子們嚇得直哭，畢竟總聽說遊魂，親眼看見的機會還不多。

安地斯山山民認爲，如果在山中看到不敢露出自己臉的人、穿著長長的黑袍子的人、伸出手來沒有皮肉的人，都有可能是遊魂。

遊魂也可以是女性。一天晚上，下著大雨，一個印地安農婦在屋裡做飯，把兩歲的孩子放在一旁。一個渾身濕淋淋的白衣女人敲門說想避雨，好心的農婦答應了，打開門，讓她進來，順手把孩子遞給她讓她幫忙看一會兒，自己回身繼續做飯。過了一會兒，農婦覺得身後有咔哧咔哧的聲音，她不禁回頭看了一眼，這一看便魂飛天外。那個白衣女人滿嘴是血，把農婦的孩子吃得只剩下腰以下的部分了。傷心的母親忘記了對遊魂的畏懼，提起一根柴火就打。白衣女跑了出去，躲進了牲口棚，因爲遊魂可以寄身在牲口上。這時候，家裡的牛叫了，遊魂最怕牛叫，於是她又從牲口棚裡跑出來，在大雨之中跑得不知所終。

一天傍晚，一個年輕人在山路上碰到一個美貌的女人，在幾番挑逗後，年輕人決定帶著這個頗有風情的女人回家過夜，年輕人和女人顛龍倒鳳，很是快活。太陽快要升起來的時候，女人說她要走了，小伙子捨不得，拉住她不讓她走，女人慌了，坦言自己是個遊魂，見不得日光。年輕人大駭，過了幾天，他便枯竭而死。

還有一種遊魂，更加可怕，被稱爲剝脂怪（Nakaq）。在秘魯和玻利維亞尤爲盛行剝脂怪的故事。普通遊魂碰到人，不一定傷害對方，但是剝脂怪一定會，因爲他是個殘暴的鬼，最喜歡幹的事是把山路上的人用手撕了，取出脂肪。

歐洲人到來後，在安地斯山上採礦修路，剝脂怪的傳說也隨之廣爲流傳。據說剝脂怪生前是個白人惡棍，攔路殺人，把印地安人的脂肪取出來賣錢，而且爲了讓路修得更順利，他還殺死印地安人埋在路基裡。他死後依然在安地斯山幹著這種剝脂肪的殺人勾當。他的外型就是比較結實的普通白人樣子，眼睛和頭髮都是淺色的，看起來和怪物不沾邊。但是他喜歡折磨人類，他習慣從背後攻擊人，用利爪把人的皮肉從後背扒開，露出白花花的脂肪，然後用一個罐子收集起來。碰到剝脂怪一點兒辦法也沒有，只能等死。

對脂肪的迷戀在安地斯山是有傳統的，脂肪被認爲是動物最好的東西，象徵健康、力量和美，失去脂肪意味著失去了健康，安地斯山的人認爲造物主維拉科查的名字意思就是脂肪的海洋。在安地斯山的貧窮村落裡，動物脂肪尤爲珍貴，他們會獻給大地之母或者維拉科查這樣的主神。其實在西班牙人到來之前，安地斯山便有剝脂怪的傳說，來源於各個部落爲了爭權奪利而互派刺客，這種暗夜裡的刺客除了殺人，還會在殺人後設法剝下對方的脂肪，因爲脂肪很珍貴，可以拿去祭神。

當西班牙人開始屠殺印地安人，當地人認爲他們便是剝脂怪，而且還說他們剝掉印地安人的脂肪是爲了滋養教堂的大鐘，或者做成塗屍油獻給白人魔鬼。直到現在，有些偏遠地區的印地安人還相信有剝脂怪，他們認爲剝脂怪爲飛機和摩托車提供潤滑油，爲化妝品公司輸送人的脂肪。總之，他們認爲很多雙陰暗的眼睛盯著印地安人的脂肪，電視上出現的一切都需要印地安人的油汁去滋潤養護。這個誤解導致有些國際援助項目在秘魯和玻利維亞推進有困難，當地人認爲外國白人是用食物騙孩子，把他們綁到一個祕密的地方，殺掉他們取脂肪。剝脂怪是古老的安地斯世界和外界接觸時所產生的恐懼的化身，山民希望能抵制外界的誘惑，把安地斯山的道德和精神世界一直綿綿不絕繼承下去。

第九章

逃離世界末日

過去都是假的，回憶是一條沒有歸途的路。
——馬奎斯《百年孤寂》

巨人、白人和西班牙人

有些南美沿海地區流傳著神祕白色巨人的傳說，這些巨人身高超過三公尺，臉孔蒼白，好戰嗜殺，他們暴虐地毀壞大地，和印地安人起衝突。巨人有很強的領地意識，常以山峰和大河爲界，不許人類跨入自己的地盤。相傳神在有月光的夜晚造出了他們，所以巨人的皮膚像月亮一樣。神造巨人的初衷是爲了給自己挖礦煉金，但是因爲巨人性格過於魯莽，難以控制，神又把他們消滅了。

秘魯沿海地區的印地安人說，曾經有巨人乘坐巨舟從海上來，他們登陸後覺得此地不錯，決定定居下來。這些巨人在當地人眼裡和怪物差不多，一般人只到他們的膝蓋那麼高，巨人的眼睛像小盤子那麼大，有的穿著獸皮，有的根本就赤身裸體。每個巨人都強壯得如同怪獸，他們可以徒手在乾旱的土地上掘井，不管多麼堅硬的岩石他們都能用手從中挖出泉水。巨人打漁捕獵的本事也很驚人，他們可以從海裡撈出數不盡的大魚，可以在一天之內把一片林子裡的動物獵殺乾淨，因爲巨人的食量也很大，是普通人類的五十倍。巨人在當地大吃大喝的行爲讓印地安人很憤慨，因爲當地的食物本來就有些緊缺，被巨人一破壞，他們只能餓肚子。但是這還不是巨人最可恨的地方，最讓當地人不能接受的是巨人的性欲很強，經常強行和當地人發生關係，他們體型太龐大，當地人被他們壓得粉碎。終於，天上的神看不下去了，降下天火把巨人燒死了，只剩下幾塊焦黑的骨頭，沒幾年也風化了。巨人徹底消失，當年他們在海灘上留下的營地遺址存在了好多年，據說一些早期到南美的西班牙人還親眼見過。

雨林裡也有巨人的傳說，這種巨人以食人維生，生活在雨林的最深處，他們的樣子沒有活人能看到，因爲看到他們的人都被活吃了。傳說有個年輕人每次出去打獵都兩手空空地回來，村裡的人都笑話他是個無用之人，說：「你眞沒用，只怕連隻烏龜都打不到。」這種嘲笑沒完沒了，年輕人的火氣也一天比一天大，有時候氣得連晚飯都吃不下。有一天早上他起得很早，拿上了自己的吹箭筒和弓箭就出發了，辭別了父母和兄弟，向他們保證自己這次一定帶許多獵物回來，來證明自己是個有本事的獵人。他進了森林，這次他決定不選大家都走的老路，而是開闢一條新的路，看看能不能打到什麼稀罕的獵物。但是村裡的獵人走的老路是可以避免遇上吃人的巨人的，所以老路最安全，但是年輕人一心想證明自己，忘了村裡老人和父母的叮囑。他在心裡安慰自己說，不一定碰得上巨人，因爲最近幾年大家都在說巨人越來越少了。走著走著，前面的樹木越發高大，就像巨人的粗腿，年輕人不禁又想起了巨人的傳說。巨人和人類一樣都會使用工具，他們還會編織獵網，設置陷阱，抓到人類後他們就用長矛叉上，放在火上烤著吃。因爲他們體型極爲碩大，森林裡高大的樹木成了他們最好的僞裝，有時他們站在你面前，你都無法發現。所以大家才會只走老路，不敢在森林裡隨意走。

年輕人想著想著，突然發現前面有兩棵大樹挨得很近，他往上一看，原來是個巨人，就站在自己眼前。巨人緩慢地張開嘴，肥厚的嘴唇裡肥大的舌頭翻滾了幾下，說出幾個音節，好像是在問年輕人怎麼敢到他的地盤來打獵。年輕人嚇得臉都白了，身子動不了，手上的弓箭也掉在地上，還好他腦子轉得快，想到了一個從巨人手中逃生的辦法，他說：「你別靠近我！我來自一個很愛吃巨人肉的部落，大家讓我來探探路，你要是靠近我，我可能忍不住就把你吃了。」為了顯示自己說的是眞的，他還盯著巨人的眼睛一直看。巨人聽了這話，有點害怕，但很快就懷疑這個年輕人說的話的眞實性，巨人說：「好啊，你陪我回我們巨人村，看看你能不能胃口大開。」年輕人為了不讓巨人懷疑，只好跟著他走。到了巨人的村子，年輕人看到巨人的房子和人類差不多，只是高大得出奇，一夥巨人正坐在大樹下聊天，還喝著東西。年輕人一下子看到這麼多巨人，更害怕了，帶他來的巨人嘲弄地看著他：「怎麼了，朋友？你餓了嗎？」他轉頭對自己的同類說：「這個小個子人類說他可以吃我們，我把他帶回來，看他怎樣吃。」一個巨人站起來對年輕人說：「拿著這個水碗到河邊打點水給我喝。你要是能吃我們，總能拿得動這個碗吧？快去，我渴了。」其他巨人都笑嘻嘻地看著年輕人腦袋上頂著一個大碗站都站不穩的樣子，他們議論說等這小子回來就吃了他。

到了河邊，年輕人想著如何脫身，巨人看他有點磨蹭，大聲催促他。巨人嗓門大，這麼一叫，倒讓他想出一個好主意。他開始在河邊挖洞。另一個打水的巨人好奇地問他在做什麼，他回答說：「在我們村，不會浪費時間在打水上，我們會給河水直接改道。」巨人聽了，有些害怕，不知這個小個子到底來自一個什麼樣的神奇部落，就說：「你別挖了，還是讓我按照我們巨人的規矩打水吧。」另一個巨人說：「你要是這麼神奇，趕緊給我折一把香蕉來。」年輕人抬頭看了看巨人村的香蕉樹，香蕉個兒很大，他的小身板絕對扛不起一把香蕉，於是他開始裝作要跺腳的樣子，巨人問他做什麼，他說：「在我們村，我們只要一跺腳，大地都顫抖，香蕉就這樣全掉下來了。」巨人們聽了很害怕，說：「這個小子太厲害了，我們還是放他回他那個厲害村子吧。」還有個巨人建議再送他一些虎豹之類的獵物，省得他再回來。於是，兩個巨人幫著年輕人扛著獵物，送他回村。快到村子的時候，年輕人怕他們發現眞相，對他倆說：「等我一會兒，我去拴一下我的兩隻惡狗，牠們也喜歡吃巨人肉，省得傷了你們。」他回到家，對母親說：「待會兒你看到我回來，就大聲對我說：『兒子啊，你帶回兩個巨人當晚飯啊，正好我很餓，我們趕緊開飯吧！』」他母親照他說的做了，兩個巨人一聽，嚇得扔下獵物就跑。就這樣，年輕人如約帶回了很多獵物，還用自己的勇氣和智慧嚇跑了巨人。

在印地安人的傳說中也有一些是關於白人的，有的把白人描述爲神，這種傳說導致印地安人在剛看到西班牙人的時候不敢動手，因爲他們的神話體系中，有外來的白色高大神明來統治他們的預言。還有一些關於白人的傳說產生於西方人到來後，他們的膚色、貪婪和殘暴都成爲部落神話的一部分，並被加以嘲弄。

秘魯印加人的傳說中，創世神維拉科查就是一個大鬍子白人，而他創造出來的部落裡的人都和他自己一個模樣，但是這些白色的人都死於早期的戰爭。哥倫比亞奇伯查山谷的傳說中，神派來教導人類的太陽神博基卡也是白人的樣子。所以，在白人來到這片土地前，印地安人對白人的樣子是有神的幻想的。甚至在白人到來的初期，他們對白人的印象也還不壞。

有的叢林部落裡的人認爲白人是印地安女人和動物生出的怪人。傳說部落裡有個漂亮姑娘，人見人愛，男人都想娶她，她指著一棵樹幹光滑的大樹說誰能爬上去她就嫁給誰。男人們都去試，但是沒有成功。最終爬到樹頂的是一隻鬣蜥，姑娘如約做了鬣蜥的老婆。其他男人很嫉妒，設下各種圈套要殺死鬣蜥，姑娘只好和鬣蜥丈夫跑了。他們在遙遠的地方生下了孩子，皮膚非常白，就是所有白人的祖先。這個故事對白人的描述比較溫和，因爲這個部落在一開始的時候和白人相處得不錯，所以沒有醜化白人，但是到了後來，白人在這個印地安部落的土地上作威作福，當地人不堪其擾，紛紛逃到查科地區，不再回來了。

另有傳說認爲白人是印地安處女和山裡的動物生下的孩子，因爲印地安人並不輕視動物，很多印地安部落認爲部落的祖先就是女人和動物的後代，所以這樣的傳說並非侮辱。後世民俗學家認爲這些早期印地安神話中的白人很可能是得了白化症。在奇伯查北部沿海地區，有個印地安部落，外面的人叫他們昆納人（Guna），他們也被稱爲白種印地安人。部落裡不少人皮膚蒼白，頭髮是淺色的，身材比較高大，從遠處看，他們就像白種人一樣。但是不幸的是，因爲遺傳的關係，這個地區是白化症的好發地區，這些人不過是得了白化症。在當地經常可以看到黑髮棕臉的媽媽抱著一個金髮白面的孩子，印地安人認爲這些得了白化病的孩子是月亮的兒子，是被賦予獨特力量的人，也可能是替月亮神教導人類的，所以他們很尊重這些白皮膚的人，在挑選鬥士和薩滿時，白色的孩子更容易被選中。在滿月的夜裡，敬畏月亮神的昆納人會驚慌，他們害怕月亮的力量過於強大而導致太陽無法在第二天出來，這時他們讓這些白皮膚的印地安孩子向月亮射箭，以削弱月亮媽媽的能力。

隨著白人在南美土地上不斷殺戮，關於白人的傳說就沒那麼好聽了。尤帕人（Yukpa）說部落裡有個聰明但是心眼很壞的女孩，幹了不少壞事，大家對她百般教化均無效，無奈只得把她趕出部落。女孩找到了一艘小船，在大海上漂來漂去，海浪讓她受孕，在船上生下了第一個白人。女孩帶著孩子到了對岸的大陸上。後來白人在另外一片大陸上越繁衍越多，終於有一天，邪惡女孩的後代們帶著會噴火的武器回來了，來懲罰印地安人。亞馬遜印地安人認爲白人是魔鬼或者怪物，他們編出故事講述白人奇怪的外型和貪婪的性格是怎麼來的。欣古河（Xingu River）流域有個傳說，有個貪吃的男孩總是向媽媽和其他人要吃的，而且還利用自己的弟弟去要吃的，要到之後又不分給弟弟們，自己吃獨食，被他騷擾的鄰居不勝其煩。媽媽決定教訓他。她割下自己的肉藏在零食裡給他，貪吃的孩子把這塊肉咀嚼了很久，一直嚼不爛，他才意識到有點不對勁，但是他的肚子已經開始發脹，最後變成了一隻癩蝦蟆。知道媽媽在懲罰自己，他很傷心，一個人跑到森林裡去了，他把媽媽的肉變成了女人給自己作伴。這個男孩也會法術，當他在森林裡遇到村子裡的人，就施展法術把對方的頭髮變長。這一招很討村裡人的喜歡，他們紛紛跑到森林裡找他把頭髮變長。不勝煩擾的男孩把森林裡的河流變成了大海，把自己和老婆變成白人住在對岸。

貪婪是印地安人對白人最爲深刻的印象。在白人到來之前，委內瑞拉的印地安人詩意地將珍珠描述爲月亮的淚水，而西班牙人到來後，他們看到這些人爲了珍珠大肆屠殺、奴役他人，遂改了口，說珍珠是惡魔的口水。白人對印地安人最爲珍視的土地並不尊重，於是印地安人說，有個印地安女孩看到一隻大毛毛蟲，就愛上了牠，女孩後來生下了一隻毛毛蟲孩子，孩子不吃她的奶，卻飲她的血，把她的血都吸乾了。女孩死狀極慘，村裡人見狀要燒死毛毛蟲孩子，但是他卻從身體裡變出了好多毛毛蟲，燒也燒不盡。這些毛毛蟲把森林和大地蛀得不成樣子，後來他們變成了白人，把印地安人從自己的土地上趕出去。

在面對白人時，印地安人對自己的膚色沒有自卑。哥倫比亞有個傳說解釋爲什麼人有不同的膚色。從前所有的人都是黑色的。有一條奶河，裡面流淌著白花花的牛奶一樣的河水，第一個部落的人跳進去了，他們的膚色被洗白了，和奶河一樣白，他們就是白人的祖先。第二個跳進去的是印地安人的祖先，這個時候河水有點髒了，所以他們出來以後就是黃色的皮膚。最後進去的是黑人的祖先，他們只把手掌心和腳掌心洗乾淨了，但是因爲河水已經黑了，所以他們的皮膚就和原來差不多。西班牙人到達秘魯後，他們很快成了當地傳說的主角。安地斯傳說中有個夜晚出來的巨人，叫夜魔（Pishtaco）。和遊魂、剝脂怪不同，他只是吃人，不取人的靈魂或者脂肪，所以當印地安人看到西班牙人殺人成堆的時候，認爲他們是夜魔的同夥，屍體是供奉給夜魔吃的。夜魔生活在洞穴中，不能見光，礦工打洞的時候有時候會不小心進入夜魔的洞，被他吃掉，所以夜魔也是採礦人的噩夢，他們不讓神父進入礦區，因爲神父的黑袍子可能招來夜魔，帶來死亡。

預言、死亡和混血王子

秘魯的印加人是南美印地安人發展最興旺的一支，印加人以迷信著稱，對自然界的各種信號所代表的吉凶深信不疑，認爲都是上天傳遞下來的警示。大約西元一五一二年的時候，第十二代印加王瓦伊納在庫斯科中心廣場上率領群臣祭祀太陽神的時候發生了一件怪事。在眾目睽睽之下，一隻天上飛的安地斯山鷹被五、六隻遊隼追著啄，山鷹不敵，從空中掉下來，正好掉在了印加王和群臣之間，就這樣摔死了。山鷹是印加帝國的象徵之一，這個信號無疑是個凶兆，臣子們議論紛紛，都說只怕不久的將來帝國將會有流血和內戰，而此事發生在太陽神祭典上，意味著印加帝國國祚不保，太陽神的信仰也會被某種強大力量所摧毀。

其實，在山鷹事件之前，印加帝國就發生了不少奇怪的事情。大大小小的地震不斷，樹木成片死亡。在海邊的印加人也發現，漲潮次數明顯增多。更爲駭人的是，月亮周圍多了三道圓環，第一道是血液一樣的紅色，第二道是黑綠色，第三道如同煙霧，有點看不清。印加王瓦伊納找來占卜師解釋天象，占卜師流著淚說，這是上天示警，印加帝國要亡了。他解釋說，第一道紅色的圓環昭示著戰爭和鮮血，當這一代印加王去太陽神那裡安息後，他的兒子將同室操戈，血流成河。第二道黑綠色的圓環意味著在內戰之後帝國滅亡，土地落入外族之手。第三道煙霧一般的圓環預示著現在強大的帝國、對太陽神的信仰、輝煌的神廟，這一切都化成煙霧，直至消失。瓦伊納聽了，暗暗心驚，但是他還是裝作不在乎的樣子對占卜師說：「你覺得太陽神會這樣懲罰自己的子孫嗎？」

時間過了三、四年，也沒發生什麼事，大家對亡國之說也漸漸遺忘。印加人解釋說大約是太陽神又改變了主意，之前的天象不過是警告罷了。但是，印加帝國內部派系林立，之前山鷹死在太陽神祭典上的事情又被翻出來了，瓦伊納還聽說有一伙白人鬼鬼祟祟在海邊活動，他爲所有這些消息心煩意亂。

一天，瓦伊納去湖裡洗澡，沒想到著涼了，很快開始發燒，這時候天空出現了綠瑩瑩的彗星，不祥的天象又來了，這些凶兆讓占卜師和祭司們十分驚恐，只怕印加帝國在劫難逃。瓦伊納聽到各種流言，又急又氣，一病不起。彌留之際，他對身邊的兒子們說：「很久以前有一個預言，說的是印加帝國十三代而亡。我們的國土上會出現一些從未見過的人，取代我們去統治這片土地。這些年上天示警不斷，我想他們可能已經來了。既然是天命，就不要違抗，順從他們吧，避免流更多的血。」他身邊的兒子中就有後來通過內戰上台的第十三代印加王阿塔瓦爾帕。

瓦伊納死後，印加帝國果然陷入了內戰，他和基多部落公主生的阿塔瓦爾帕打敗了同父異母兄弟瓦斯卡爾。瓦斯卡爾之前已經清洗了一批印加貴族，而阿塔瓦爾帕作為外來公主所生的王子，本身在庫斯科沒有根基，更是大肆屠殺，清掃政敵，印加帝國由此元氣大傷。後來的故事被史書撰寫過多遍，阿塔瓦爾帕中了皮薩羅的圈套被俘，如約繳納金銀贖金後被殺，一小支西班牙隊伍就這樣控制了整個龐大的帝國。

西班牙人能如此長驅直入有個重要的原因是，他們身上攜帶了天花等來自歐洲的病毒，讓印地安人陷入了死亡的漩渦。病毒比西班牙的火器更可怕，印地安人成批死去。其實在阿塔瓦爾帕被殺之前，在沿海活動的西班牙人已經把天花病毒帶到了這片土地上，據說第十二代印加王瓦伊納和他最初指定的繼承人都是死於天花。這種病毒在美洲大陸上從未出現，所以印地安人身上沒有任何抗體，染上了唯有死路一條。

印加帝國陷入了悽慘的景象，成百上千的印地安人同時死去，田地荒蕪，屍體在棚屋裡堆積成山，沒有人種地了，牲畜也無人打理，大家紛紛逃離疫區，但是到了荒野，他們又被飢餓折磨，活活餓死。天花、傷寒、感冒、痲疹、白喉奪去近百分之九十的印加帝國核心區人民的生命。印加人徹底慌了，他們認為宇宙的秩序被白人破壞了，印加王是太陽神的兒子，他的被殺造成了天塌地陷的結果，世界末日就要來了。很多人不想被動等待末日的降臨，他們認為應該推動末日盡早到來，這樣宇宙可以重生，印加秩序可以重新建立。

從十六世紀六〇年代開始，一些印地安激進分子預言世界末日臨近，他們圍繞著聖地華卡跳舞，讓古老的神明附身，據說這些神明可以把白人的神趕出去。西班牙殖民者鎮壓了這場運動，把領導人流放了。

印地安人圍著華卡的舞蹈更像是一種絕望的呼喚，而一名印歐混血兒把反抗延續了下去。十八世紀初，傳奇人物胡安．桑托斯（Juan Santos Atahualpa, 約1710-1756）開始了另一種對抗。他在一七四二年自立爲王，要把西班牙人和黑人從印加人的土地上趕出去。他的來歷成謎，據他自己說，他出生在庫斯科，母親有印加王族血統，父親是西班牙人，他從小跟著一名神父生活。胡安．桑托斯極爲聰明，他的身世放下不提，他的語言天分是他能鼓動各個部落跟著他一起反抗的原因，他精通歐洲史和印地安人的歷史，會講西班牙語和歐洲上層社會的拉丁語，還會說克丘亞語和很多部落的語言。據說撫養他長大的神父曾經帶他去過歐洲和非洲傳教，算得上見多識廣。回到秘魯後，胡安．桑托斯跟著耶穌使團進入叢林地區，看到了西班牙人在當地的屠殺和暴政。他迷茫了，就像很多印歐混血兒一樣。西班牙人如同父親，印地安人如同母親，父親對母親的殘暴該如何破解？胡安．桑托斯這個時候犯了個錯，沒人知道這個錯誤是什麼，總之他被教士們趕出了耶穌使團。在叢林裡，他碰到了一個部落的老薩滿。老薩滿給胡安．桑托斯指了一條明路，讓他自稱是印加王的後代，幫助印地安人把土地搶回來。

老薩滿把他帶回部落，叢林裡的印地安人好奇地打量著這個混血兒。他的年紀在三十歲到四十歲之間，穿著印地安人的披風和雨林地區人的寬褂子，脖子上掛著包著銀邊的木頭十字架，個子很高，膚色和當地人一樣，像烤焦的麵團，頭髮很整齊，學歐洲人的時髦樣紮一條小辮在腦後。那位老薩滿說，他是印加王阿塔瓦爾帕的後代，是新印加王；這位新印加王懂西班牙語和拉丁語，還會講很多部落的語言，簡直就是維拉科查爲印地安人量身打造的救世主；他將把西班牙人趕出去，把印地安人從奴隸的地位中解救出來；如果不支持他，上天會降下止不住的大雨，直到把山峰都沖毀。

胡安．桑托斯此時改名爲胡安．桑托斯．阿塔瓦爾帕，他成功地統一了幾個部落的意見，宣布首先拋棄西班牙人的公曆，把印加人的時間重新轉動起來，改爲印加曆，生活和飲食習慣也按照過去的來，一切崇尚印加精神。部落的人十分興奮，他們厭惡西班牙人破壞了他們部落裡的漁獵生活和一點兒脆弱的農業，更恨他們強迫自己遷徙到平原地區從事繁重的熱帶栽培業。他們製造了好多武器，把西班牙人當成大型猛獸來對付，他們製作的弓弩用很粗的木頭做爲箭，人要是中了箭，會血流如注，很快死去。

胡安．桑托斯得到了印地安人的支持，他甚至聲稱同樣取得了英國人的暗中相助，一艘英國船就在秘魯沿海待命，準備隨時幫助他。他的目標是把西班牙人和黑人奴隸都趕出去，重新建立一個印加帝國，但是他又說新的印加帝國國教將是天主教。他希望成爲秘魯國王，由羅馬教廷直接委派教士，而且他要求轄區內可以任命印地安人爲神父。胡安．桑托斯繪製的路線圖是先占領雨林地區，然後是山地和沿海，最終在利馬稱王。他的各個部落拼湊出來的軍隊還是很厲害的，殖民政府派遣了軍隊進行圍剿，但是由於裝備不足，無法適應印地安人的叢林游擊戰。西班牙換了兩任總督都沒解決。但是因爲缺乏統一管理，占領的土地很難守住。胡安．桑托斯曾控制了秘魯雨林中部的廣闊土地，但未能再擴大，而他本人也在一七五六年神祕消失了。群龍無首，反抗也就自動瓦解。印地安人對這位混血王子還是充滿好感，他們說胡安．桑托斯是被西班牙人殺死的，死後化作雀鷹，繼續守護印地安人的土地。

這段歷史反映了印歐混血兒與歐洲白人之間越來越激烈的矛盾。本土混血兒在被奴役後更加維護自己的印地安血統，他們也認爲外來的白人是囚籠中的魔鬼所化，是薩滿和英雄要去擊敗的對象，在打敗了外

胡安．桑托斯與象徵殖民者的教會對峙

來的白人之後，這片南美大陸的宇宙才能回到過去的平衡。

遺忘、逃離世界末日和新世界的開始

印地安人最怕的不是死，而是忘記。白人的不斷入侵讓印地安本土文化漸漸凋零。有個故事，說的是村裡來了個響尾蛇變成的白人，在村裡蓋了結實的房屋，還在屋外放了很多瓦盆，盆裡有各種各樣的好玩意兒。一個老人經過房前，白人攔住了他。白人叫老人不要害怕，還熱情地給了他許多禮物，叮囑他喊村裡的人一起到他家玩。老人照做了，白人很大方，給來的人每人一頭牛。大家在屋外狂歡了一夜，都睡在了屋外。第二天早上，白人把孩子們都叫起來，讓他們進屋去挑選自己喜歡的禮物，孩子們嘰嘰喳喳地擠進了門。白人馬上把門關上，把孩子都變成了白人，他還拍打他們的頭，這樣他們就忘了自己的父母和村子，成了天主教徒，不再相信森林的靈和天上的主神。

當天主教的腳步離叢林越來越近的時候，當新的信仰可能動搖部落根基的時候，部落裡的薩滿說：「我們現在的土地已經老了，應該去尋找新的土地。」有不少部落的薩滿都這樣說，他們說有片神奇的土地，那裡的莊稼不靠太陽也能生長，人們可以按照原來的方式繼續生活，那裡的宇宙秩序依然是過去的，沒有白人帶來的高頭大馬，弓箭依然是最神奇的武器，所有的印地安法器在那個世界依然奏效，所需要做的就是像當年的瓜拉尼神話英雄谷拉博第一樣，一直跑到天上去。

瓜拉尼人說，神在創造了大地和人類後就開始休息了，他叮囑人類要在大地上辛勤勞作，這樣才有收成。神累了，倒下睡了三年，等他再次甦醒的時候發現人類沒有勞作幹活，而是仗著物產豐富，終日唱歌跳舞。神決定警告世人。神選中了勤勞的谷拉博第來拯救人類，託夢給他，告訴他大地馬上就要朝著太陽落山的方向傾斜，世界末日即將到來。開始，谷拉博第還將信將疑，直到他聽到天上滾雷不斷，像是雷神在給人類警告，而大地也開始不斷抖動，果真像神在夢中所說的那樣，大地開始向西傾斜。他趕緊回村，帶著村裡的人向東跑。到了東邊，谷拉博第說：「神告訴我，先蓋一間能容納所有人的大屋，在這裡安頓下來。」兒子問此地會不會有危險，谷拉博第說：「神說，此地在一年之內是安全的。」

過了一年，大地再次顫動，比以前更厲害了，而且地下已經冒出了惡鬼，惡鬼什麼都往嘴裡放，最後開始吃人。谷拉博第趕忙帶著人們跑回大屋，祈求神的幫助。神讓屋子離開地面，越升越高，飛到了天上的樂土，而谷拉博第帶著村民在樂土上生活，他們辛勤勞動，再也沒有觸怒過神。之後，神用烈火和洪水毀了大地上的一切，又重新創造了一批人類，就是瓜拉尼人的祖先，但是大地已經沒有之前那般肥沃，人們經常吃不飽。瓜拉尼人世代相傳英雄谷拉博第和樂土的故事，這個故事讓瓜拉尼人有了尋找神話中的土地的傳統。每遇天災，瓜拉尼人就會短途遷徙，但是他們中的大多數人還是會半途而廢，回到家鄉。在死亡和遺忘的恐懼下，很多印地安部族想起神爲他們保留了天堂。

不少南美南部部落的人認爲，遺忘或者改變印地安的宇宙法則和生活習慣是重罪，無法飛升到天堂上。但是有個彌補的辦法，那就是神在海洋的另一端爲印地安人準備了一個沒有任何邪惡、完全符合印地安人生活法則的天堂，人們在那裡可以永生。

西班牙人強迫瓜拉尼人爲自己開礦，在危險的勞作之下，很多人命喪礦山，他們稱礦井爲吞噬人命的巨嘴。瓜拉尼人還被奴役種棉花，幹繁重的農活。殘暴的葡萄牙人還曾把瓜拉尼人驅趕到樹林裡，把他們當成動物打獵取樂，或者把他們運到巴西北部去種甘蔗。由於無法忍受非人的虐待，一五一五年，瓜拉尼人的一個部落在薩滿的帶領下開始尋找天堂樂土，逃離世界末日。在此後的幾十年裡，大批印地安人都認爲世界末日將至，他們開始跨越整片南美大陸去尋找天堂，在這場尋找天堂之旅中，面對歐洲病毒的侵襲和不斷的戰亂，他們幾乎集體滅絕。曾有部落在十八世紀的時候走到了巴西東海岸，面對無法跨越的大西洋，他們只能回來。後來，也有的部落薩滿宣稱要尋找宇宙的中心，但是也未能成功。這場尋找天堂的運動幾乎一直持續到二十世紀初。

在剛發現印地安人的時候，歐洲人對解釋《聖經》犯了難。〈創世紀〉中記載，除卻諾亞方舟上的人和動物，其他活物全部死於大水，那麼人類和動物是怎麼跨越太平洋的呢？耶穌會傳教士何塞·德·阿柯斯塔（José de Acosta, 1540-1600）說，任何印地安人的起源都不能和《聖經》有所衝突，於是各類學派給出了熱心的解釋，其中被廣為接受的說法是以色列國那「失蹤的支派」，這個犯下大錯的悔過的支派最終「來到了一片從未有人居住過的土地上，他們希望在那裡遵守自己曾經沒有遵守的律法，他們言出必行，離開後再也沒有露過面」。但是最終，白人把印地安人的世界變成了地獄，不管這個地獄是何種宗教的。印地安人的樂土從未也將不會被尋到。

傳統印地安世界的瓦解開啓了新世界，從美洲運出的白銀讓歐洲驟富，從美洲移植出的物種讓世界得以飽餐，冒險把世界的一頭和另一頭聯繫在一起，全世界急遽地匯流在一起，一個穩定的、順從天命的世界被這股洪流沖得七零八落，取而代之的是由莊園主、船長、士兵、水手、奴隸、妓女組成的世界，印地安人的美德和生機被野心和特殊的腐朽所吞噬，神明也無能為力。

印地安文明在這片大陸上慢慢褪色

第十章

冰與火的土地

沒有人會把原子彈丟到火地島。

——布魯斯・查特文《巴塔哥尼亞高原上》

互相厭恨的日月

火地島是一個句號，古代人類遷徙至此，便無法再向南前進，極度寒冷和布滿碎冰的海面阻擋了他們。三萬年前，第一批人類經巴塔哥尼亞來到火地群島，他們看到的是冰與火的島嶼。靠近南極，火地島自然是寒冷的，但地熱又讓這些島終日不斷蒸騰著煉獄般的熱氣。這批人在此地生活下來，分化成了幾個不同的部族，生活在最大的主島上的有四個部族，分別是奧納族（Ona）、豪圖族（Haush）、雅干族（Yaghan）、阿拉卡盧夫族（Alacaluf），這些部族以漁獵維生，在苦寒之地熬歲月。羊是最後登上這個島的物種，但是繁衍生息十分興旺，後來竟成爲火地島的標誌，以至於人們日後提起火地島，都會說：「哦，那個養羊的島。」火地島因爲地處偏遠，它的神話體系沒有受到以西班牙爲代表的歐洲文化影響，因此被看成是最原汁原味的南美神話。

西元一五二〇年，航海家麥哲倫發現了火地島，他用自己的名字命名了島嶼和南美大陸之間的海峽，即麥哲倫海峽。就連火地島這個名字也和他有關。據說他在船上看到島上升起煙，本欲將此島命名爲煙之島，但同伴說有煙必有火，火地島由此得名。麥哲倫船隊的船員在環島航行時在北岸發現了擱淺的鯨魚，又在南岸發現了當地印地安人的屍體，判斷他們死於部族衝突，感到危險的麥哲倫和他的船員沒有登上火地島，只留給西方世界此島的名字和尋找它的路線，但他們對島上的生活一無所知。

奧納族是島上最大的部族，在外部文明到來之前一直靠打獵維生，民風剽悍。奧納神話中的神的生活和人類息息相關，尤其是太陽神和月亮神，他們是一對相愛相殺的夫妻，而且各不相讓，最後到了不再相見的程度，他們的關係也直接影響到奧納男人和女人之間的關係。

相傳很久以前，太陽神克倫（Kren）和月亮神克雅（Kre）還沒有上天，兩人都生活在奧納人的土地上，男人尊克倫爲首領，女人則奉克雅爲主。克雅比較強勢，不大尊重丈夫克倫，連帶奧納的女人都威風起來。在那個時候，女人仗著克雅的寵愛對家裡的男人呼來喝去，如奴僕般使喚，派男人去幹最髒最累的活兒，她們自己則留在家裡幹一些輕省的家務。女人們相互約定不給男人好臉色，她們經常在男人面前板起面孔，做出不可一世的樣子。看到男人對自己恭順的樣子，女人們越發得意起來，她們進一步散布說自己擁有來自地獄的可怕力量，每個女人都是半神，月亮神克雅讓她們統治男人，而太陽神也是同意的。

爲了顯示自己的特殊地位，奧納女人有個專門的拜月儀式，在一個華麗的獸皮製作的大帳篷裡祕密進行。女人對外宣稱自己在儀式中會顯出神的面目，男人絕不許看到女人變成神的樣子，否則會招來厄運，所以整個儀式要在帳棚裡進行。每到拜月儀式的黃昏，男人們只能眼巴巴看著女人用紅白兩色的顏料細細地在身上畫上彩繪，戴上精美的羽毛帽子，走進帳篷裡。夜晚，帳篷裡透出火光，還能隱約聽到女人的說笑聲。

一天，三個膽大的奧納年輕男子想知道女人們在拜月儀式上到底做什麼，爲什麼女人是半神而男人不是，他們對女人的神祕世界再也按捺不住好奇。他們心裡想著這些問題，就管不住自己的腿，情不自禁走到了那個祕密的帳篷外。他們能清楚地聽到女人在裡面說話，還有咂摸嘴的聲音，聽起來像是在吃飯聊天。他們鼓起勇氣，一點一點靠近帳篷，用發抖的手輕輕掀起了帳篷的皮革接縫處，用一隻眼睛往裡瞅。不看則已，一看可氣壞了，哪裡有什麼神，只有村裡的一群女人圍著火烤東西吃，她們把家裡平時捨不得給男人吃的美食都拿出來一起分享，吃得滿嘴流油。三個年輕人輪流看到了帳中的情形，這才知道原來男人一直被女人愚弄欺騙。這口氣他們嚥不下去，其中一個人打了呼哨，通知所有的男人過來。村裡的男人來了，因爲不知道發生了什麼，手裡還拿著武器。三個年輕人把事情講給他們聽，男人都憤怒極了，用石頭和棍棒把帳篷裡的女人一個不剩地活活打死，不管女人怎麼求饒，男人都不肯放手，直到把她們都砸成肉泥。女人的庇護神月亮神克雅很快就知道了，她憤怒地準備向男人復仇，但是她的丈夫太陽神克倫阻攔了她。克倫一直覺得克雅和女人們做得很過分，男人的反抗也給了他制伏惡妻的勇氣，他狠狠打了克雅一個耳光，把她推倒在炭火上，在她臉上留下了燙傷的痕跡，所以以後月亮出來的時候，大家能看到她原本皎潔的臉上多了很多灰色的斑點。

當殺完帳中所有女人，男人們開始冷靜下來，看著滿地屍首，他們也被巨大的悲傷擊中了。

他們的母親、妻子、女兒都死了，村裡只剩下一些年幼的女孩，她們還沒到參加儀式的年紀，所以倖免於難。男人決定帶著幼女離開這個傷心地去別處生活，他們一直往東，因爲相傳東方是世界結束的地方。他們在荒蕪的東部待了很久，爲死去的女人哭泣，也爲自己的孤獨哭泣。

當幼女們長大成爲女人，男人們才決定回到家鄉重新開始，但是奧納人的生活再也回不到從前了。太陽神克倫決定建立新的秩序，讓男人統治女人，之前的儀式也恢復了，不過參加的人只能是男人，女人只能戰戰兢兢地服從男人，不能再聚在一起享受美食。

月亮神克雅覺得遭受了屈辱，她跳到海裡，游到天邊，順著大樹一直爬到天上，宣布自己從此再也不回地面了。她覺得自己快氣炸了，丈夫給男人撐腰，讓男人統治世界，自己在人間顏面盡失。偏偏這個時候，太陽神還火上澆油地跟著她上天，嘲笑她臉上被炭火燙出來的傷疤。爲了避免見到討厭的丈夫，克雅只好晚上出來，她的性格也變得更加陰晴不定，每月都變換自己的臉孔，當心情好的時候，就露出整張臉，當想起丈夫笑話自己的時候，就忿忿地把大半張臉藏起來。

克雅也記恨上了奧納人，只要一有機會，她就會偷奧納人的孩子。奧納人很害怕，滿月的夜晚不敢讓孩子離開帳篷，也不敢和女人歡好，怕破壞了月亮神的好心情。

月亮神這樣任性也讓奧納人生氣，怒氣積累到一定階段，他們也會舉著拳頭對著月亮吼，詛咒月亮，讓她滾遠一點兒，不要再帶來漲潮、風暴和疾病。看到奧納人厲害起來，月亮神也心虛，乖乖地躲開幾天，但是她只會消失幾天，很快會再回來。有時候，月亮發黑，像是被仇恨染黑了，奧納人趕緊向太陽神祈禱，希望不要帶來霉運。奧納人對月亮又怕又恨，月亮的變化會引發他們的各種不安，有時候他們認爲月亮神克雅瘦了，必須靠吃人才能變回圓形，所以要小心，不要被她吃掉。

黑色天穹下的英雄

在火地島上生活的奧納、豪圖、雅干和阿拉卡盧夫四個部族中，奧納和豪圖是陸地上的獵手，雅干和阿拉卡盧夫是獨木舟上的漁人。這些部族會製造弓箭，穿著羊駝毛的斗篷，或者圍著海豹皮的遮羞布，信奉苔原和巨石精靈。這四個部族在遠古時代有過持續的戰爭，越打仗，人口越少，食物也越來越少，四個部族的酋長意識到不能再打下去了，最終的結果只會是四敗俱傷。酋長們在一起商量之後，決定各自祭拜主神，然後進入夢境，在夢裡和神相見，獲悉神的意旨。在夢中，神把地上的動物給了奧納和豪圖，讓他們可以用弓箭射殺牠們，塡飽肚子，但是這兩個部落必須放棄控制海洋的權力；神把海裡的魚給了雅干和阿拉卡盧夫，讓他們划著獨木舟在星羅棋布的小島間生活，但是不得傷害陸地上的任何一頭野獸。神把四個部落的地盤劃分清楚，讓他們不再有新的戰事。

在以海爲家的阿拉卡盧夫人的故事裡，海神考科斯（Kojh）是最強大的神，他和妻子生出了很多鯨魚女兒。爲了讓女兒們生活得舒服，考科斯創造出了看不到邊的海。爲了讓大海少些風浪，海神和風神又打了好多年的仗，很多神都被捲入了戰爭，神之間殺來殺去，導致火地島有的河水是紅色的，據說那都是神的血染紅的。

火地島四個部族的人一致認爲，海獅海豹都是人變的，因爲當年眾神沒有平衡好土地和海水的關係，導致大洪水爆發，人只能跳到海裡變成海裡的動物。

因爲神不那麼可靠，所以火地島人更相信自己本民族的英雄。奧納人的主神是開天闢地的特茅克神，但是這個創世神虎頭蛇尾，只完成了創世的一半工作，也沒有造人。眞正完成偉業的是一位叫科諾斯（Kenos）的天降英雄，與其說他是個神，不如說他更像是個民間英雄。科諾斯出生在天穹之外，無人知道他的父母是誰，據說他順著繩索到了地面，在他落到地上的一瞬間，繩索就化成灰燼，神這麼做就是爲了不讓他回到天上。科諾斯第一眼看到火地島就不喜歡。因爲那個時候海神說了算，所以陸地上光禿禿的什麼也沒有，四周是大海，於是科諾斯造出了高山、峽谷和山澗，有了高低起伏，火地島看上去好看多了。但是那個時候天永遠是單調的一個顏色，從早到晚每一時每一刻光線都沒有變化，科諾斯造出了太陽神克倫和月亮神克雅，讓他們結爲夫婦，他讓太陽神克倫在中午的時候必須發出最強烈的光芒，在下午的時候要慢慢離開火地島，把光照的任務交給月亮神克雅。

有了光照，但是天和地之間距離很近，地上的樹木因此都長不高，科諾斯又用自己的肩膀把天使勁往上托了托，抬到了現在的位置，大樹想長多高就長多高了。這時，他算是完成了任務的第一步。

科諾斯覺得這個他改造過的世界很美，應該創造出一種生物配得上這樣的美景。他彎下腰取了兩塊泥巴，捏成了男女生殖器的模樣，輕輕地放在地上。科諾斯又想了想，彎腰把男性生殖器官放在女性的上面。到了夜晚，他走了，而留下的男女生殖器官開始了活動。第二天早上，科諾斯回到原地，看到一個新的物種，那是第一個奧納人。第二天晚上，人變成了兩個。每過一天，人就多一個，很快島上就有了好多奧納人。科諾斯又跑火地島的北邊去，挖了白色的泥土，用同樣的方法造人，所以奧納人分兩種，深色皮膚的和淺色皮膚的，前者認爲自己更高貴，因爲是先被造出來的。如果有冒失的人問爲什麼奧納人是這個樣子，奧納人就回答：科諾斯把我們造出來就是這個樣子的。

科諾斯很喜歡說話，但他造出來的奧納人不會，所以一開始只是他一個人說話給奧納人聽，他覺得一個人說話很寂寞，就給了奧納人說話的本事。奧納人學會了說話，掌握了語言，十分興奮，一天到晚說個不停。十九世紀末，居住在馬爾維納斯群島（Islas Malvinas，即福克蘭群島Falkland Islands）的英國牧師布里奇里來到火地島，抱著傳教的目的，他開始收集當地人的語言，編纂辭典，最終收錄三萬兩千個詞語。當地人對事物的描述與火地島的一切息息相關，用海蟹舊殼換新殼的時節來定義沮喪，而春夏之時冰雪融化，褐色的土壤露出，彷彿一塊一塊的傷疤，所以雪融與傷疤是同一個詞，這樣的詞彙迷宮讓布里奇里頭暈腦脹，這一層又一層的隱喻揭示了印地安人簡單而深邃的精神世界，他們用一個詞就表達了「兩個同樣抱有做某件事的決心但都不願著手行動的人」的意思，凝鍊如同一部微型小說。

科諾斯還教奧納人做愛，而且立下了兩性相處的倫理道德，男人不能搶別的女人，女人也不能和不是自己丈夫的男人睡覺。這樣一來，科諾斯第二階段的任務也完成了。

不知不覺，科諾斯和奧納人一起生活了好多年，他累了，想好好睡上一覺。心念一動，就打起了哈欠，他躺下便睡，三位奧納老人陪在他身邊。科諾斯這一覺就睡了好久，老人們中途幾次想叫醒他，但怎麼也叫不醒。不知過了多少年，科諾斯睜開眼醒了，一直陪伴他的老人發現天神一樣的科諾斯臉上滿是皺紋，頭髮也白了，已經是老

正在涉水而過的奧納人

態龍鍾。他們四個商量了一下，反正大家到了快死的年紀，不如大家一起躺在地上，等待死亡的降臨。於是，四位老人躺成一排，他們越等越心焦，但死亡總也不來。科諾斯聽說北方是一片白茫茫的大地，很適合做為人生的終點，他決定帶著三位老人到北方去求死，老人們也同意了。他們四個人都老了，走得很慢，路上的人問他們去哪裡，他們永遠回答一句話：「去遠方，把命扔掉。」到了北方，他們驚訝地發現北方並不是蠻荒之地，相反人煙稠密。這四個外鄉老人只好躺在路邊，請北方人給他們蓋上原駝皮的披風，讓他們繼續睡去。這一次，他們停止了呼吸，死在了熱鬧的北方。

但是死亡不是永恆的。北方人很好奇，不時掀開披風看幾個老人死後的樣子，他們驚訝地發現，死之前科諾斯他們還是衰老的樣子，但是停止呼吸後居然慢慢年輕起來，而且一天比一天年輕，皮膚的皺紋變淺了，頭髮轉黑了，又過了幾天，披風下傳來了他們的呼吸聲，他們又活過來了，而且恢復了青春。科諾斯把死後重生的本事也傳給了奧納人，從那時起，奧納人老了，就裹著獸皮披風躺在地上，等著死亡的降臨，當死亡來了又去，他們就不僅可以復活，還能重獲青春，開始新的一生。如果有一天對這樣的輪迴厭倦了，就可以和科諾斯說，選擇徹底死亡。科諾斯最終的選擇就是回到天上，他指派了兩個奧納首領管理人間，然後自己飛向了茫茫黑夜，變成了星星。被科諾斯選中的兩個奧納首領很聰明，他們教會族人打獵的各種方法，以及如何生火做飯，他們一個很勤勞急躁，一個得過且過，所以奧納人的日子過得不好不壞。

在科諾斯之後，火地島上又出現了一個英雄，叫克瓦伊（Kwányip），他結束了科諾斯所創造的人與神一樣不死不滅的黃金時代，他讓世界有了死亡，所以他日後也被尊爲火地島的死神。克瓦伊身世比較複雜，他屬於巨人家族。在科諾斯造人之前，在火地島生活著巨人族，他們身形巨大，長生不老，由於忌憚科諾斯的神力，在他還在人間的時候巨人們未敢造次，但是等科諾斯一上天，他們馬上就折騰起來，發動了巨人之間的戰爭，爭奪島上的地盤，其中打得最凶的是火地島北面的巨人哈斯（Haz）和南部巨人納肯（Naquen）。哈斯有一兒一女，納肯只有一個女兒。哈斯打起了對手女兒的主意，他誘惑了無知的姑娘，和她發生了關係，然後在她父親納肯面前炫耀。納肯氣壞了，爲了報復，他偷偷把哈斯的女兒打暈，扔到自己女兒的房間裡，又把窗戶全部封上，一絲光都透不進來。哈斯趁著夜色而來，摸黑進了屋，他以爲屋裡的女孩還是納肯的女兒，在沒有一點兒光的黑暗之中，悲劇發生了，哈斯父女發生了關係。後來，哈斯的女兒懷孕了，生下了亂倫之子，就是克瓦伊。

克瓦伊身上湧動著罪惡的血液，但這種羞恥的結合也給他帶來了不爲人知的法力，而且他比其他巨人都聰明。克瓦伊的母親在他很小的時候就嫁給了另外的巨人，生了不少孩子，算是克瓦伊的兄弟，也算是他外甥。克瓦伊因爲尷尬的身分，在巨人中一直抬不起頭來，他也沒得到母愛和父愛，他比任何一個巨人都渴望建功立業，證明自己。就在這時候，巨人裡出了一個敗類——黑巨人（Čénuke），不光奧納人害怕他，巨人們也害怕。黑巨人在山中出沒，專門吃人，還把很多巨人同類抓起來給自己當苦力，其中就有克瓦伊的外甥們。克瓦伊想藉著這次拯救親人來證明自己，除掉黑巨人，揚名立萬。奧納人在傳說中不厭其煩地描述克瓦伊在決心除掉黑巨人之後是多麼害怕，但是奧納人又說，英雄不是無畏的，英雄明知害怕卻依然要完成偉業。

克瓦伊扮作乞丐的樣子，趁著夜色茫茫來到了黑巨人居住的黑森林，他在墨汁一般的夜色中慢慢靠近黑巨人的住處。突然，他眼前跳過了幾簇火光，扒開樹枝，他看到前面有篝火，黑巨人正在火上烤一個用木棍穿過的奧納女人。黑巨人聽到有動靜，循聲望去，看到了克瓦伊，以爲是個過路的乞丐巨人，並不在意。克瓦伊問黑巨人能不能發發善心，讓他在這裡休息一下。黑巨人不耐煩地揮了揮手，克瓦伊趕緊跑到黑巨人關同類的地方去，找到自己的外甥們，告訴他們自己

死生之神克瓦伊

是來救他們的。克瓦伊正和外甥們耳語之時，黑巨人搖搖擺擺走過來，像給狗扔根骨頭一樣地把他啃剩下的女人屍體扔過來，女人的臉孔還保留著死時痛苦的表情，十分猙獰，但克瓦伊的外甥早已習慣，幾個人上來把女人的屍體啃得只剩白骨。

到了夜裡，外甥們按照克瓦伊的吩咐朝著大河的方向逃跑，他們是巨人，河水只到胸口，所以輕易地蹚過了大河。克瓦伊在對岸焦急地等著他們。黑巨人發現奴隸跑了，十分憤怒，他追了出去，看到奴隸在對岸。他嘿嘿一笑，覺得對方失策了，他比任何一個巨人都高大，這點水不算什麼。但是等他到了河心，克瓦伊念動咒語，用法力把水面升高，生生把黑巨人淹沒頭頂，火地島的黑夜十分寒冷，在水裡泡著的黑巨人很快失去了溫度，凍死在水中。他的屍體浮起來的時候，現出了原形，大家才看清，原來他長了一個獸頭。

克瓦伊除掉了黑巨人，但是他的外甥們在黑巨人那裡已經養成了吃人的習慣，回到家中，他們開始到處獵殺人類，大地上到處都是他們吃剩的人類屍骨。這讓善良的克瓦伊感到很痛苦，他只好又做了一件英雄的事情——大義滅親，把外甥們的靈魂取了出來，將他們高碩的身體冰封起來，丟到火地島南邊的藍黑色大海裡。奥納人很感謝克瓦伊除掉了食人巨人，讓人類得以繁衍，所以奉他爲英雄。

克瓦伊做的第二件事就是把太陽神克倫揍了一頓，把日與夜對半平分，讓人們可以和親密之人相擁共眠。而他做的第三件事最爲重要，他讓人間有了死亡。他父親哈斯的長子奥門克

（Aukmenk，既是他的哥哥也是他的舅舅）對不死之身厭倦了，祈求克瓦伊用法力使自己長眠後再也不要醒來。克瓦伊做到了，從那時起，火地島就有了死亡，火地島上所有生物都變成了會死去的肉身凡胎，但是大家都很感激克瓦伊，因爲沒有死亡的生命是一場疲倦的沒有盡頭的旅程，人人都有厭倦的一天。克瓦伊也決定了自己的死亡，他將自己凡間的肉身拋棄，飛升到天上，成了引導人們航海的南十字星。

和奧納人一起在火地島生活的雅干人也有個關於英雄和拯救的傳說。很久以前，有個雅干小女孩在海灘上一個人玩，她看到一個娃娃形狀的石頭，於是拾了起來，抱在懷裡。善良的小女孩還給石頭娃娃做了個小搖籃，和他說話，還學著媽媽的樣子放在胸前給他餵奶，大人只當她撿了個玩具，不去理會。有一次她跟著家人乘著獨木舟去捕魚，大浪打來，女孩慌忙護著石頭娃娃，等浪過去，她低頭發現石頭娃娃活了，有了手腳和一雙嬰兒的眼睛，女孩高興極了，又想給他餵奶，但是活了的石頭娃娃把她的乳房生生咬下來了，小女孩傷勢過重，血流如注，她小小的屍體在船隻的顛簸中掉到海裡，沒有了生息。大人們一心捕魚，對這一切都沒有覺察，等船靠了岸，他們發現小女孩不見了，船上多了一個嬰兒。來迎接他們的家人中有個女人，女人看到嬰兒，本能地開始餵奶，但出現了同樣的情況，乳房被石頭娃娃咬下來，女人呼號著痛苦地死去了。男人們覺得石頭娃娃是個妖孽，必須殺死。於是一個男人抱起石頭娃娃，使勁把他扔到海裡。沒想到的是，他雖是石頭的，卻會游泳，而且很快游上岸。人們開始用木棒和石塊打他，他絲毫無損，重新扔到海裡，他又能游回來。他始終跟著這群雅干人，他們拿他也沒有辦法。

過了幾年，石頭娃娃長成了一個大塊頭的魔鬼，他的身體如岩石般結實，冷血無情，他打劫漁船，殺死漁夫，還抓來很多女人囚禁起來供自己享用，如果抓到小女孩，他就讓這些女人先養著，等長大了就可以用來發洩獸欲。被他抓起來的女人過著悲慘的生活，石魔只給她們吃苔蘚地衣，還經常虐待她們，她們每天都想著怎麼殺了這個魔鬼。附近的村子有個孤兒，個子很矮小，人們都叫他蜂鳥。蜂鳥的父母被石魔殺死了，好心的女人們收留了他，開始把他扮成女孩，養在小女孩群裡，後來，他慢慢長大，女人們怕瞞不住，就讓他藏身在一口枯井之中。石魔在的時候，女人們就用枯枝遮住井口；石魔不在的時候，女人們會喊蜂鳥出來曬曬太陽，幫她們幹點家務。女人們每天都生活在石魔的淫威之下，她們都沒有發現，幾年前的小蜂鳥已經長成了一個瘦高的少年，他沉默寡言，對女人言聽計從。

有一天，石魔拔起一棵櫟樹，他的腳不小心扎到了刺，他向女人們呼救，女人們才發現原來他的軀幹是石頭的，但是四肢和人類一樣。女人們裝作慌張著急的樣子，說要給他取刺，但暗中用錐子使勁刺石魔的腳。石魔大叫起來，直嚷嚷自己疼得眼都花了。女人們意識到這是一個逃跑的好機會，她們沒有忘了蜂鳥，迅速跑到了枯井前，喊著：「蜂鳥，快出來！」蜂鳥出來了，他沒有逃跑，而是迅速用柔韌的枝條把石魔的腿綁上，然後讓女人們往石魔身邊扔木柴，他則拿出不知從哪裡找到的打火石，在石魔周圍一圈點上火。石魔看到火，怪叫著想衝出去，蜂鳥用自己隨身帶的小彈弓往他手腳和眼睛裡打，石魔哇哇怪叫衝不出火牆，慢慢地，他不動了，只聽得他的身體裡啪啪響了幾聲，一隻朱頂雀從他身體裡飛了出來，石魔就消失了。

女人們高興得很，說誰也沒想到是瘦小的蜂鳥最終制服了石魔。蜂鳥依然沉默，黑闃闃的眼睛裡沒有太多的欣喜。第二天，他辭別了養育自己的女人們，向北走了，沒有再回到雅干人的土地。

萬物共靈的世界盡頭

很久以前，火地島上是沒有原駝的，原駝是人變的。有個喪妻的男人，妻子死了很久，他開始寂寞了，他越看幾個長大的女兒越像自己的妻子，於是他想在女兒身上找愛。但是他也不好意思明著說，於是想出個辦法。他把女兒們召集在一起，說神託夢給自己，說他壽數將盡，但留下女兒們在世上孤孤單單很不忍心。神和他說在他歸天之後，家附近會出現一個很適合和她們結婚的男人，他會是個好丈夫，能照顧好她們。講完這些話，這位父親就開始裝死。女兒們信以爲眞，以爲父親眞的去世了，她們把他放在地上，找來幾塊獸皮蓋住他。在葬禮上女兒們臉上畫上閃電，胸口塗上死亡的標誌，按照部落的規矩，她們走到路邊，上下揮舞手臂，以示哀悼。這時她們在路旁看到一個對她們發出噓噓聲示愛的男人，因爲這個男人臉上的彩繪圖案她們從沒見過，女兒們認爲這是一個外部落的男人，竟沒有認出那是自己的父親，她們以爲這就是父親說的理想男人，於是也用噓噓的聲音回應。她們靠近他，允許他愛撫自己，這個男人身上的味道是女孩兒們都熟悉的，他們幾個很快就住在了一起，像一家人一樣。神覺得這件事違背天理，就把父女幾人變成了原駝，沒想到他們繁殖得很快，整個島都是他們的子子孫孫。

火地島內陸地區食物比較緊缺，有個人變成鳥的故事，就是圍繞著食物的。有個叫卡彭（Kapon）的男人，他和兩個妻子生活在一起。卡彭年紀大了，身體也不好，沒有辦法出門打獵獲得足夠的食物。快到冬天了，卡彭讓其中一個叫卡克（Kaque）的妻子回娘家要點口糧。卡克來自島的東部，爲了回家她走了長長的路，以至於她的親戚見到她驚訝得說不出話來，因爲幾乎沒有女人能走這麼遠。卡克講述了丈夫身體不好，她和另外一個妻子如何忍飢挨餓，親戚很同情她，先讓她飽餐了一頓原駝肉，然後給她準備了一個食物籃子。卡克知道親戚們很愛吃金龜子，於是讓他們準備了很多金龜子，因爲這也是她最喜歡吃的。爲了防止食物在路上腐壞，親戚給她抓了很多活的金龜子放在籃子裡。卡克很高興地走了。但是離家越來越近，卡克開始有了私心，她不想讓丈夫吃她最愛吃的食物，於是她把籃子藏在路邊的樹後面，回家做出悲戚的樣子說什麼食物都沒弄到，卡彭聽到自然大受打擊。第二天，卡克去了路邊，拿出幾隻金龜子，烤著吃了。丈夫發現了異樣，跟了出去，發現了妻子卡克的祕密，於是他把籃子裡的金龜子全部烤著吃了，回家什麼也不說。等卡克再去吃的時候發現金龜子沒有了，她懷疑是丈夫偷吃的，但是什麼也不敢說。日子一天天過去，食物還是很短缺。這時，另一個妻子哈佩（Hape）說要不然找她的親戚想想辦法。她的家在海邊，哈佩的親戚看到她來了，很大方地給了半條鯨魚的肥肉，哈佩高興極了，連拖帶拽地運回了家。她回到家，看到丈夫卡彭已經餓得奄奄一息，她馬上煎了一塊鯨魚的肥肉，叫醒丈夫趕緊吃，吃了肉，卡彭的病奇蹟般地好了。看到小山一樣的鯨魚肥肉，卡彭開心極了，他用魔法把自己和哈佩變成了兩隻海鳥，在風裡和浪裡穿梭，在諸神的庇護下可以吃到魚肉。至於卡克，卡彭把她變成了翅膀很軟的鳥，只能在岸邊吃點蟲子，不能到海上捕到好吃的魚。這個故事反映在了火地島上食物緊缺的狀況和男女關係的不對等。

另外，在火地島神話中，人和動物的分別沒有那麼大。有一隻海豹看到一群女人在撿漲潮時留在礁石裡的小魚，其中有個姑娘長得很美。海豹對姑娘一見鍾情，牠使了個法術，讓姑娘掉到海裡。姑娘突然落水，慌張地呼救，海豹游了過去，穩穩地用後背接住了她，將她托出水面，但是牠沒有送她上岸，而是把她帶到罕有人跡的沙灘上，還給她叼來海帶充飢。很快，趕海的女人發現少了一個人，她們回村告訴了她的兄弟。當村裡人找到了那個沙灘的時候，發現姑娘正和海豹一起曬太陽。姑娘很快發現了自己的兄弟，但是她覺得和海豹在一起很不錯，於是跳上牠的後背，示意牠快跑。男人眼睜睜看著姑娘和海豹越游越遠，但是他們不敢輕易從海豹手中搶走女人。因爲這片海域流傳著金狼海神的傳說。掌管海洋的金狼神就是一個美女和海豹所生，他的臉半人半魚，身子是海豹的，所以人類認爲金狼海神會偏袒海豹。

也有的火地島人爲了理想變成了動物。很久以前，火地島上沒有生與死的更迭，人們不會死，睡一下就可以復活，就連到了秋天，葉子還是綠的，所以樹木也結不出果實，一切都像靜止的一樣。有個奧納少年對日復一日單調的景色厭倦了，他告訴大家，他要去遠方尋找時間的祕密。全村人都以爲他在發傻，而且經過漫長殘酷的旅行，這個傢伙必死無疑。在眾人的嘲笑中，少年向北出發了。不知過了多久，少年風塵僕僕回來了，他不僅沒有死，還說起了大家都不知道的事。他說，在遙遠的北方有無窮無盡的森林，有很多很多樹，神奇的是，這些樹的葉子到了一定的時候會變黃、會枯萎、會落下，再過一段時間，光禿禿的樹枝會重新長出綠色葉子來，開始一個新的輪迴。聽了這些話，人們哈哈大笑，沒有人相信少年說的是眞的。少年傷心地走了，他走到森林裡，變成了一隻鳥，到了秋天，在森林裡飛來飛去，不斷發出催促的聲音，催樹葉趕緊變黃，他著急地用翅膀拍打這些樹葉，讓它們快點落下。在他的催促下，火地島的森林好像被喚醒了一樣，開始有了四季的變化。再到後來，英雄科諾斯離開人間後，凡人也失去了在睡夢中重生的本領。火地島的世界有了生命的輪迴往復，有了生，更重要的是，有了死。變成鳥的少年說，他認爲自己的路沒有白走，因爲時間就是這個樣子的。

少年變成的鳥催促樹葉快快枯萎

附錄：名詞索引

奇亞帕烏雅珂	Quillapa Huillac	25, 26
吉斯基斯	Quisquis	121
基多	Quito	121, 122, 193
R		
弗羅斯特	Robert Frost	85
魯米納輝	Rumiñahui	102
S		
薩爾塔市	Salta	111, 112
薩滿	Shaman	7, 72~83, 107, 144, 146, 158, 160, 189, 194~199
舒爾人	Shuar	73, 74, 82, 143
斯	Si / Shi	66
索博庫莫	Sibökõmõ	22, 23
斯布	Sibú	21~23
斯塔米	Siitami	22
遊魂	Silbón	176~181
威勒・羅利	Sir Walter Raleigh	132
奇洛埃人魚	Sirena Chilota	55~58
索庫拉	Sórkura	21, 22
蘇阿	Sué	18, 70
T		
坦塔納姆卡	Tantañamca	27~29, 31
特茅克神	Temáukel	64, 207
陸地蛇母騰騰	Tenten Vilu	40, 41, 57, 69
特由亞瓜	Teyú Yaguá	100
蒂亞瓦納科	Tiwanaku	32~34, 80
托巴人	Toba	109
毒矮人	Trauco	135
圖巴神	Tupã	46, 48, 145, 157~159
尤潘基	Túpac Yupanqui	122
圖帕里部落	Tupari	72
U		
烏爾里克・施梅德爾	Ulrich Schmidl	132
烏瑪	Uma	171~176
V		
瓦爾韋德	Valverde	102~104
懷拉科查	Viracocha Inca	91, 92

維拉科查	Viracocha	26, 34, 64, 66, 92~95, 119, 140, 181, 188, 195
W		
瓦勞族	Warao	148, 149
維托托部落	Witoto	36, 82
X		
欣古河	Xingu River	189
Y		
雅干族	Yaghan	202, 206, 214~216
雅諾瑪米人	Yanomami	36, 108, 148
尤帕人	Yukpa	189

國家圖書館出版品預行編目資料

南美神話故事【更新版】／王覺眠著
—— 二版. ——臺中市：好讀出版有限公司, 2024.5
面：　公分，——（神話誌 ；8）

ISBN 978-986-178-716-9（平裝）

1.神話　2.南美洲

285.6　　113004143

好讀出版

神話誌 8

南美神話故事【更新版】

作　　者／王覺眠
內頁插圖／愛莫 & 啞忑
總 編 輯／鄧茵茵
文字編輯／林泳誼、鄧語葶
發行所／好讀出版有限公司
台中市407西屯區工業30路1號
台中市407西屯區大有街13號（編輯部）
TEL:04-23157795 FAX:04-23144188
http://howdo.morningstar.com.tw
（如對本書編輯或內容有意見，請來電或上網告訴我們）
法律顧問　陳思成律師

填寫讀者回函
獲購書優惠卷

讀者服務專線／ TEL：02-23672044 / 04-23595819#212
讀者傳眞專線／ FAX：02-23635741 / 04-23595493
讀者專用信箱／ E-mail：service@morningstar.com.tw
網路書店／ http : //www.morningstar.com.tw
郵政劃撥／ 15060393（知己圖書股份有限公司）
印刷／上好印刷股份有限公司
如有破損或裝訂錯誤，請寄回知己圖書更換

二版／西元 2024 年 5 月 1 日
定價：280元
如有破損或裝訂錯誤，請寄回知己圖書更換

Published by How Do Publishing Co. ,LTD.
2024 Printed in Taiwan

ISBN 978-986-178-716-9